职业教育大客车驾驶专业规划教材

大客车防御性驾驶技术

交通运输部运输服务司　组织编写

张开云　主　　编

马保民　李　文　副主编

人民交通出版社股份有限公司
China Communications Press Co.,Ltd.

内 容 提 要

本书为职业教育大客车驾驶专业规划教材之一,根据交通运输部办公厅、教育部办公厅、公安部办公厅、人力资源社会保障部办公厅联合下发的《关于开展大客车驾驶人职业教育试点工作的通知》(厅运字〔2014〕100 号)编写而成。本书主要内容包括:道路运输行车危险源辨识、道路运输防御性驾驶与不安全驾驶习惯纠正、旅客运输紧急情况临危处置知识。

本书为大客车驾驶专业的核心教材,也可作为道路客运驾驶人素质提升的培训用书和参考用书。

图书在版编目(CIP)数据

大客车防御性驾驶技术 / 张开云主编. —北京:
人民交通出版社股份有限公司, 2017.7(2024.12 重印)
职业教育大客车驾驶专业规划教材
ISBN 978-7-114-13935-2

Ⅰ.①大⋯ Ⅱ.①张⋯ Ⅲ.①公共汽车—汽车驾驶—
安全技术—职业教育—教材 Ⅳ.①U471.15

中国版本图书馆 CIP 数据核字(2017)第 144636 号

职业教育大客车驾驶专业规划教材
书 名:**大客车防御性驾驶技术**
著 作 者:张开云
责 任 编 辑:郭 跃
出 版 发 行:人民交通出版社股份有限公司
地 址:(100011)北京市朝阳区安定门外外馆斜街 3 号
网 址:http://www.ccpcl.com.cn
销 售 电 话:(010)85285911
总 经 销:人民交通出版社股份有限公司发行部
经 销:各地新华书店
印 刷:北京虎彩文化传播有限公司
开 本:787×1092 1/16
印 张:11
字 数:245 千
版 次:2017 年 7 月 第 1 版
印 次:2024 年 12 月 第 5 次印刷
书 号:ISBN 978-7-114-13935-2
定 价:26.00 元
(有印刷、装订质量问题的图书由本公司负责调换)

职业教育大客车驾驶专业规划教材

编写委员会

（按姓氏笔画排列）

王　杨	乔士俊	祁晓峰	李　斌
李　勤	吴晓斌	张开云	张则雷
周　铭	徐新春	翁志新	郭　跃
凌　晨	蒋志伟	解　云	戴良鸿

前 言

FOREWORD

　　为进一步贯彻落实《国务院关于加强道路交通安全工作的意见》(国发〔2012〕30号)的有关要求,"将大客车驾驶人培养纳入国家职业教育体系,努力解决高素质客运驾驶人短缺问题",经交通运输部、教育部、公安部和人力资源社会保障部共同研究,于2014年07月29日发文《关于开展大客车驾驶人职业教育试点工作的通知》(厅运字〔2014〕100号),决定在江苏、安徽、云南三省各选取一至两所具备资质的职业技术学院、高级技工学校,开展大客车驾驶人职业教育试点工作。为了认真落实通知精神,提升大客车驾驶人职业教育的办学水平,人民交通出版社受交通运输部委托,特组织试点院校编写职业教育大客车驾驶专业规划教材,以供本专业教学使用。

　　本套教材总结了全国交通高级技工学校、技师学院多年的专业教学经验,结合道路客运企业对大客车驾驶人的特殊要求,注重以学生就业为导向,以培养能力为本位,教材内容符合大客车驾驶专业教学改革精神,适应道路客运企业对大客车驾驶技能型紧缺人才的要求。本套教材中部分教材内容是在江苏汽车技师学院《大客车驾驶专业教学标准和课程标准》研究课题的课程体系框架下确定的。本套教材具有以下特色:

　　1. 按照交通行业职业技能规范和国家职业资格标准构建课程体系和教材体系。本套教材遵循大客车驾驶学制培养的具体要求,为贯彻国家职业资格标准,保证提高大客车驾驶专业学生的技术素质和服务质量奠定了良好的基础。

　　2. 本套教材注重实用性,体现先进性,保证科学性,突出实践性,贯穿可操作性,反映了汽车工业的新知识、新技术、新工艺和新标准,其工艺过程尽可能与当前生产情景一致。

　　3. 本套教材体现了汽车驾驶高级工应知应会的知识技能要求,更注重了汽车驾驶传统经验与现代大客车技术的有机结合。

　　4. 本套教材文字简洁,通俗易懂,以图代文,图文并茂,形象直观,形式生动,容易培养学生的学习兴趣,提高学习效果。

　　《大客车防御性驾驶技术》为本套教材之一,主要内容包括:道路运输行车危险源辨识、道路运输防御性驾驶与不安全驾驶习惯纠正、旅客运输紧急情况临危处置知识。

　　本书由云南交通技师学院张开云担任主编,由马保民、李文担任副主编,全书由张开云负责统稿。云南交通技师学院张开云编写第一章第三节、第六节,第二章第一节、第二节、第三节、第九节,第三章第五节、第六节。云南交通技师学院马保民编写第一章第一节、第二节,第二章第四节,第三章第四节。云南交通技师学院李文编写第二章第六节,第三章第三节、第五节。云南交通技师学院孙建强编写第二章第三节、第五节。云南交通技师学院陈强编写第一章第四节,第二章第八节。杭州技师学院徐志敏编写第一章第五节。杭州技师学院陈锡征编写第二章第七节。合肥职业技术学院张宁军编写第三章第一节。江苏汽车技师学院祁晓峰编写第三章第二节。

　　限于编者水平,加之大客车驾驶专业在全国已停办数年,书中难免有不当之处,敬请广大院校师生提出意见和建议,以便再版时完善。

编写委员会
2017 年 3 月

目 录

CONTENTS

第一章　道路运输行车危险源辨识 ································· 1

第一节　危险源辨识的基本知识 ································· 2

第二节　驾驶人及其他交通参与者的不安全行为 ················· 7

第三节　车辆、行李物品及货物的不安全因素 ··················· 14

第四节　道路的不安全因素 ································· 25

第五节　夜间、特殊天气及自然灾害的不安全因素 ··············· 40

第六节　危险源的管控 ································· 47

第二章　道路运输防御性驾驶与不安全驾驶习惯纠正 ············· 54

第一节　我国机动车驾驶人整体素质现状 ··················· 54

第二节　防御性驾驶通则 ································· 55

第三节　不同车辆行驶状态下的防御性驾驶 ··················· 78

第四节　客运站场的防御性驾驶 ··························· 87

第五节　典型道路的防御性驾驶 ··························· 91

第六节　特殊路段的防御性驾驶 ··························· 99

第七节　夜间防御性驾驶 ································· 104

第八节　特殊气象条件下的防御性驾驶 ····················· 109

第九节　不安全驾驶行为原因分析及其习惯纠正 ··············· 117

第三章　旅客运输紧急情况临危处置知识 ··················· 124

第一节　常见紧急情况的处置原则和方法 ··················· 124

第二节　道路交通事故现场的应急处置方法与伤员救护 ··········· 132

第三节　事故后的脱困方法 ······························· 138

第四节　驾驶人及乘客突发疾病的应急处置 ··················· 143

第五节　大型客车反恐与防盗 ··························· 151

第六节　道路交通事故危险路段安全提示 ··················· 156

参考文献 ·· 165

第一章　道路运输行车危险源辨识

教学目标

通过学习使客车驾驶人掌握道路运输行车危险源辨识的基本知识,能正确认识道路运输过程中的危险源。

道路旅客运输安全的核心目标是不发生事故,任何交通事故的发生都有一定的因果关系,危险源的存在是事故的根本原因。防止交通事故就是消除、控制道路交通系统中的危险源。大客车驾驶人了解危险源的知识,掌握道路运输过程中危险源辨识的方法,可以更有效地避免道路交通事故。

案例情景

2012 年 3 月 22 日 1 时 10 分许,云南省曲靖市富源县大河镇敖××持"C1E"类机动车驾驶证驾驶云 D635××号依维柯牌中型普通客车(核载 7 人,实载 7 人,含驾驶人)沿西景线由临沧驶往祥云方向。行至祥临公路 K64 +0m 处转右弯时,未确保行车安全,车辆驶向对向车道,与对向驶来的由刘××驾驶的临沧市交通运输集团公司永德分公司云 S059××号(核载 38 人,实载 37 人,含驾驶人)宇通牌大型普通客车相撞,造成云 D635××号中型普通客车驾驶人敖××及乘客 5 人当场死亡,云 S059××号车驾驶人刘××及云 D635××号车乘客共 3 人受伤,两车不同程度受损的特大道路交通事故。

案例分析

云 D635××号车驾驶人敖××驾驶与驾驶证载明的准驾车型不相符合的车辆在道路上行驶,夜间在与对向来车会车时,未减速靠右通行,致使所驾车辆驶入对向车道与对向驶来的车辆发生碰撞是造成事故的主要原因。

为此,只有掌握危险源的概念、危险源的分类及危险源辨识知识,才能在驾驶过程中有效辨识危险源,提前预防行车风险。

第一节　危险源辨识的基本知识

一、危险源的概念和分类

(一) 危险源的概念

危险源与事故隐患不是等同的概念,事故隐患是指驾驶人的驾驶空间、车辆技术状况的不安全状态、人的不安全行为,如检查不到位、制度的不健全、人员培训不到位,以及重大事故隐患和管理上的缺陷。其实质是有危险的、不安全的、有缺陷的"状态",这种状态可在驾驶人、行人或物上表现出来,如人走路不稳、路面太滑都是导致摔倒致伤或盲目横穿公路面临被车辆碰撞致伤亡的隐患;也可表现在管理的程序、内容或方式上,如可能导致重大人身伤亡或者重大经济损失的事故隐患,加强对重大事故隐患的控制管理,对于预防特大安全事故有重要的意义。危险源强调驾驶人的驾驶空间(图1-1-1)、车辆技术状况、行人中存在固有能量的多少,而事故隐患是出现明显缺陷的危险源。

图 1-1-1　驾驶空间

高速行驶的客车在发生道路交通事故时,会造成人员伤害、财产损失或者环境破坏,造成这些不良后果的根本原因,主要是高速行驶的客车具有较大的动能,遇到阻隔,能量意外释放,具有较大的破坏力。高速行驶的客车本身就是危险源。

1. 危险源的定义

危险源是指一个系统中具有潜在能量和物质释放危险的,可造成人员伤亡、财产损失或环境破坏的,在一定的触发因素作用下可转化为事故的部位、区域、场所、空间、岗位、设备及其位置。

2. 危险源的实质

具有潜在危险的源点或部位,是爆发事故的源头,是能量、危险物质集中的核心,是能量传出来或爆发的地方。危险源存在于确定的系统中,不同的系统范围,危险源的区域也不同。例如,从全国范围来说,对于危险行业(如石油、化工等),具体的一个企业(如炼油厂)就是一个危险源。

案例情景

2016 年 10 月 9 日 13 时 50 分,南京金陵石化南京炼油厂在重整装置开工过程中,进料过滤器法兰泄漏着火引发爆炸。事故发生时,一栋数层高的建筑冒出黑色浓烟,期间伴有明火和数次爆炸声,现场浓烟滚滚。南京消防指挥中心调集特勤二、仙林、迈皋桥、石门坎及金陵石化专职

队,共出动 27 辆消防车、150 名消防官兵赴现场灭火,由于处置及时,火情受到控制,未发生次生安全环保事故。

案例分析

该事故是由于进料过滤器边缘老化,没有及时更换而导致泄漏着火引发的爆炸。

危险源识别对一个客运企业系统来说,某个客运站内停放着的客车可能就是危险源。因此,分析危险源应按系统的不同层次来进行。一般来说,危险源可能存在事故隐患,也可能不存在事故隐患,对于存在事故隐患的危险源客运企业和客车驾驶人一定要认真对待、及时加以整改,否则随时都可能导致事故的发生。

3. 危险源的控制

对事故隐患的控制管理总是与一定的危险源联系在一起,因为没有危险的隐患也就谈不上要去控制它;而对危险源的控制,实际就是消除其存在的事故隐患或防止其出现事故隐患。

4. 危险源构成的三要素

一是潜在危险性;二是存在条件;三是触发因素。

(1)危险源的潜在危险性是指一旦触发事故,可能带来的危害程度或损失大小,或者说危险源可能释放的能量强度或危险物质量的大小。

(2)危险源的存在条件是指危险源所处的物理、化学状态和约束条件状态。例如,物质的压力、温度、化学稳定性,盛装压力容器的坚固性,周围环境障碍物等情况。

(3)触发因素虽然不属于危险源的固有属性,但它是危险源转化为事故的外因,而且每一类型的危险源都有相应的敏感触发因素。如易燃、易爆物质,热能是其敏感的触发因素;又如压力容器,压力升高是其敏感触发因素。因此,一定的危险源总是与相应的触发因素相关联。在触发因素的作用下,危险源转化为危险状态,继而转化为事故。例如:易燃、易爆物品失火或爆炸发生事故。

案例情景

2011 年 7 月 22 日 3 时 43 分,山东省威海市交通运输集团有限公司驾驶人邹××驾驶鲁 K085×× 号大型卧铺客车,乘载 47 人(核载 35 人),行驶至河南省信阳市境内京港澳高速公路 938km + 115m 处,因车厢内违法装载的易燃危险化学品突然发生爆燃,客车起火燃烧,造成 41 人死亡、6 人受伤。

案例分析

此次事故中,邹××在明知偶氮二异庚腈属于易燃、易爆、有毒危险化学品的情况下,隐瞒货物性质,通过公路营运客车托运没有危险品标识且运输条件不符合标准的偶氮二异庚腈,违反了《危险化学品安全管理条例》的有关规定。鲁 K085×× 号卧铺客车在营运过程中,站外上客、上货,客厢内客货混装,违反了《中华人民共和国道路运输条例》中"道路运输车辆运输旅客的,不得超过核定的人数,不得违反规定载货"的规定,将危险品装载到客厢内部,并导致运输过程中偶氮二异庚腈在堆放挤压、摩擦、发动机放热等因素综合作用下受热分解,发生爆燃,最终导致事故发生。

(二)危险源分类

危险源分类如图 1-1-2 所示。

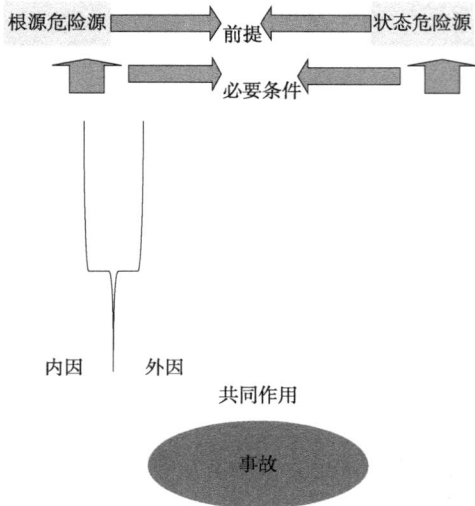

(1)根据危险源在事故发生中所起的作用不同,可将危险源划分为根源危险源(又称第一类危险源)和状态危险源(又称第二类危险源)。

①根源危险源:能量和危险物质的存在是危害产生的最根本的原因,通常把可能发生意外释放的能量(能量源或能量载体)或危险物质称作第一类危险源。例如高速行驶的客车是导致伤害的根本,是根源危险源。

②状态危险源:造成约束、限制能量和危险物质措施失控的各种不安全因素称作第二类危险源。包括:物的不安全状态,人的不安全行为,管理缺陷。例如转向失控、制动失效、驾驶人操作不当造成汽车失去控制,成为导致事故发生的诱发因素,属于状态危险源。

(2)在道路交通活动中,几乎所有的构成部分(人、车、路、气候等)都是危险源。除了行驶的客车,极端自然灾害如泥石流、地震等根源危险源外,更多的是状态危险源。

道路交通系统中有以下六种状态危险源:
①客车制动失灵、电路故障、轮胎爆炸。
②客车驾驶人的疲劳驾驶导致短时间瞌睡。
③冰雪天路面湿滑。
④其他驾驶人盲目占道行驶。
⑤不遵守交通规则闯红灯的电动自行车。
⑥过马路猛跑的行人。

这些状态危险源都会导致行驶的客车失去控制或躲避不及,对他人和自身造成伤害。根源危险源是客观存在的,防范事故的重点是控制状态危险源。客车驾驶人只有控制不安全行为,时刻注意道路异常情况,排除包括车辆所载旅客不安全状态和环境不良因素对安全驾驶的影响,才能确保客运安全。

二、危险源辨识知识

(一)危险源的认识

人类自从发明汽车以来,采取了各种技术手段改善对车辆的控制,提高安全性,如制定严格的道路交通安全法规,建设高等级的道路和高标准的道路交通安全设施等,避免车辆交叉,减少事故。然而,死伤事故的发生一直没有停歇。导致事故的主要原因在于,驾驶人操作不当,车辆的转向、制动灯控制装置失效等,使得高速行驶的汽车意外释放能量造成伤害。所以高速行驶的客车是危险源;转向、制动等汽车控制装置的失效及驾驶人的操作失误也是危险源。

案例情景

2006 年 7 月 1 日 16 时 45 分许,一辆金龙牌中型客车沿国道 105 线由西向东行驶至 504km + 913m 与省道 329 线交叉路口处时,与由省道 329 线驶出沿国道 105 线由南向西左转弯的斯达—斯太尔重型半挂车发生碰撞事故,造成 4 人死亡,3 人受伤的特大交通事故。

案例分析

导致事故的主要原因是,半挂车前转向轮制动软管未与制动气室连接,造成制动性能降低,制动失效,转弯时速度过高,且不注意观察,采取措施不及时。如果金龙牌中型客车能按规定车速行驶,在接近交叉路口前及时减速,则可避免事故的发生。

(二) 危险源与事故隐患的区分

为了防止危险源与隐患概念的混淆,有必要强调一下危险源与事故隐患的区分:事故隐患概念是客运企业违反安全生产法律、法规、规章、标准、规程和安全制度的规定,或其他因素在客运企业经营活动中可能导致事故发生的危险状态、人的不安全行为和管理上的缺陷。

案例情景

2010 年 4 月 1 日驾驶人熊×× 驾驶着车牌号为渝 BD71×× 号的半挂车从广州往成都

方向行驶,行至京港澳高速公路北行坪石段 1847km + 100m 处,与前方因发动机故障停在右侧路肩与行车道之间的鄂 F318×× 大客车发生猛烈碰撞,造成大客车上乘客 2 人当场死亡,4 人送医院抢救无效死亡,死者中包括大客车驾驶人王××。

案例分析

经查明,导致事故的原因是王×× 驾驶大客车在高速公路行驶发生故障时,将车违法停在右侧路肩与行车道之间,且摆放警告标志距离不足,熊×× 驾驶超宽半挂车疏忽大意,发现大客车时避让措施不当。在这起事故中,客车发生故障是危险源,违法停在右侧路肩与行车道之间是事故隐患。

任何事故的发生都有其一定的原因,危险源的存在是事故发生的根本原因,防止发生责任事故就是消除、控制道路交通过程中的危险源。只有了解危险源的辨识方法,掌握危险源的概念、危险源的分类及危险源辨识的知识,才能在行车中有效辨识危险源,提前防范行车风险。从而更有效地避免和控制各类责任事故的发生。

(三)危险源的控制

要控制危险源必须首先辨识危险源,也就是找出交通活动中存在哪些根源危险源和状态危险源。辨识危险源包含两个过程:识别危险源、确定危险源特性。识别危险源是为了确定系统中存在哪些危险因素;确定危险源特性是为了根据其性质采取相对应的控制措施,使根源危险源得到有效控制,处于相对安全的状态,同时消除状态危险源。

控制危险源主要通过技术手段来实现。危险源控制技术包括防止事故发生的安全技术和减少或避免事故损失的安全技术。显然,在采取危险源控制措施时,我们应该着眼于前者,做到防患于未然。另一方面也应做好充分准备,一旦发生事故要防止事故扩大或引起其他事故,把事故造成的损失限制在尽可能小的范围内。

(四)道路交通中危险源的分类

道路交通活动中存在多种多样的危险源,主要包括以下五大类:

1. 人的不安全行为

大客车驾驶人十大驾车不安全行为的具体内容包括:

(1)未携带大客车驾驶证、行驶证、准行手续,以及驾驶车辆与证件标明车型不符等无证驾驶车辆行为。

(2)超过道路限制车速以及国家法律、地方法规明令规定车速的超速驾车行为。

(3)饮酒后 8h 之内及醉酒后 24h 之内驾驶车辆的酒后驾车行为。

(4)连续驾驶车辆时间超过规定时限、休息时间不足的疲劳驾车行为。

(5)驾乘人员行车中不系安全带以及安全带佩戴不规范或安全带失效的不安全行为。

(6)行车不按交通信号灯、交通标志、交通标线和交警指挥驾驶操作的违反交通信号行为。

(7)行车中强行超车、强行会车、争抢车道、占道行驶、弯道超车、坡路超车等影响其他车辆正常行驶的争道抢行行为。

(8)超过核定载客人数的行为。

(9)车辆的制动、转向、灯光、电子控制等系统以及轮胎、喇叭等关键部件存在安全隐患运行的带病驾车行为。

(10)车辆运行中拨打接听手持电话、观看电视等妨碍安全驾驶的行为。

2. 物的不安全因素

(1)车辆各操纵机件存有缺陷。如转向系统有故障(隐患),未予以及时修理带病行驶。

(2)喇叭、信号装置缺乏或有缺陷。如信号装置、报警装置失灵、失效。

(3)停车场所不符合安全要求。如没有安全应急通道,停车场所狭窄、管理混乱。

(4)消防安全设施设备配备不符合规范要求;缺乏具体消防安全管理规定。

3. 道路的不安全因素

（1）路面强度和刚度、稳定性、表面平整度不符合安全运行要求。

（2）道路表面抗滑性、耐久性等条件满足不了车辆的安全运行要求。

（3）道路受损程度大、维护工作滞后。

4. 行车环境的不安全因素

（1）交通安全设施不配套、设施不当或数量不够。

（2）混合交通情况严重，混合交通带来交通秩序的混乱。

（3）各种交通工具之间有较大的速度差，发生冲突的危险性大。

5. 运输客运企业安全管理不善

（1）规章制度不健全，管理不规范。

（2）提高客车驾驶人素质教育流于形式。

（3）落实措施，防范安全事故风险意识差。

（4）坚持以人为本，实施人性化管理不到位。

（5）从被动防范向源头管理转变的办法不多。

在这五大类危险源中，有的可能直接导致事故发生，如车辆故障等；有的可能是事故发生的深层次原因或根本原因，如客运企业管理不完善等。无论哪种危险源，只要存在，就会为事故发生埋下隐患。

案例情景

2015 年 4 月 22 日上午 9 时 25 分，由上海始发的一辆旅游大巴在行至沿江高速公路宁太线 1km 处，由于转向机件失灵突然冲过中间隔离护栏，与隔栏对面正常行驶的一辆货车（苏州牌照）发生猛烈碰撞，造成 14 人死亡。

案例分析

这起事故主要是由于客车脱修，车辆带病行驶，加之旅游散客拼团安全缺失、客运企业对旅游大巴车安全检查重视程度不够、驾驶人行为规范差等所致。

第二节 驾驶人及其他交通参与者的不安全行为

随着社会的发展、进步，特别是随着机动车保有量的迅猛增长，道路交通安全问题已成为和平时期威胁人类生命财产安全的重要社会问题。道路交通安全受到很多因素的影响，如人、车、路、环境等，而人的交通行为在道路交通中起主导作用，是最重要的影响因素。不同的人以不同的方式参与道路交通，由于受到生理、心理等因素的影响，会表现出不同的交通行为，对道路交通安全的影响程度也不相同。如驾驶人在情绪激动、兴奋、急躁、自负、自卑、懒惰、侥幸心理、马虎大意等心理因素的影响下，容易出现一些危险的违规驾驶行为；在疲劳状态、身患疾病、服用药物等情况下，会造成注意力不集中、反应迟钝，容易出现操作失误,甚至失去对车辆的操控能力。行人、乘车人、非机动车驾驶人由于缺乏交通安全知识,造成交通安全意识不够,可能会出现一些违反交通法律法规及冒险的交通行为。

对于道路交通中不同交通参与者的交通行为特点,我们必须有充分的了解与认识,才能在实际驾驶过程中调整好自己的状态,控制好自己的情绪,合理地分配注意力,及时、有效地采取措施,从而保证行车安全。

一、驾驶人违法驾驶

客车驾驶人是道路交通中最重要的参与者,他的交通行为直接影响着道路交通安全,驾驶人的交通安全意识淡薄是引发道路交通事故的最主要原因。

(1)驾驶人的违法操作行为。在实际的驾驶过程中,驾驶人容易出现违反信号灯限制、逆向行驶、违法停车、超速行驶、违法倒车、违法掉头、违法会车、违法牵引、违法载客等违法操作行为,这些违法行为导致车辆极易与其他正常行驶的车辆发生碰撞等事故(图1-2-1)。

图1-2-1 碰撞事故

(2)服用某些药物后的违法驾驶行为。对安全行车存在影响的药物主要有镇静剂、兴奋剂、致幻剂等,它们会对驾驶人的中枢神经系统产生影响,从而影响到驾驶人的驾驶行为。

①镇静剂:会使人的肌肉活动能力下降,产生动作不协调,反应能力下降等危险;会引起头晕、乏力等症状;会让人产生消极情绪,从而影响安全驾驶操作行为。

②兴奋剂:会使人的中枢神经过于兴奋,降低警觉性,容易过高的估计自己的能力,出现一些冒险的驾驶行为。

③致幻剂:会使人产生幻觉,甚至出现类似精神分裂的症状;会造成体力和智力下降,在短时间内还会使人丧失驾驶能力。

(3)直接指向他人,具有攻击性、报复性的违法驾驶行为。驾驶人的驾驶行为会受到生理和心理等因素的影响,驾驶人在行车过程中遇到路堵、被其他车辆加塞、找不到停车位等情况或存在精神压力时,很容易产生生气、仇恨的情绪,甚至出现"路怒"现象,做出一些具有攻击性、报复性的违法驾驶行为。比如故意和前面的车辆靠得很近,以示意前面的驾驶人离自己远些或让其赶紧让路;对于妨碍自己行驶的车辆,如行驶缓慢的车辆或"加塞车辆"感到非常气愤,使劲按喇叭、爆粗口表示不满,甚至故意撞击前车;强行超车;强行变更车道等。作为一个合格的驾驶人,必须能够很好地控制自己的情绪,淡定地处置行车过程中所遇到的各种交通情况,必须暂时地抛开对自己情绪有较大刺激的事件,使自己处于心平气和、不急不躁、理解他人、不争不抢的状态,杜绝类似攻击性、报复性的违法驾驶行为的出现(图1-2-2)。

二、驾驶人操作失误

造成驾驶人操作失误的原因有很多,最常见的有驾驶人缺少驾驶经验、注意力不集中、安全意识不够、观察判断能力差、过于紧张等。

(一)错把加速踏板当制动踏板踩

错把加速踏板当制动踏板踩是极其危险的操作失误,驾驶人在遇交通情况需要踩制动踏板减速时,却踩了加速踏板加速,这正好是两种截然相反的车辆运动状态,所以极易发生碰撞事故,甚至引发车毁人亡的惨剧。造成错把加速踏板当制动踏板踩的原因是多方面的,如对于所驾驶车辆不熟悉、驾驶操作动作不熟练、驾驶过程中过于紧张、对道路交通情况观察不够全面等。为了避免在驾驶过程中出现类似情况,驾驶人需要注意做到以下几点:

(1)驾驶不熟悉的车辆上路前,驾驶人首先必须熟悉所驾驶车辆的操作性能。包括车辆挡位的设置情况、各操作机件的位置及操作方法、后视镜的调整及所能观察到的区域等,调整好座位位置,保证有一个正确合适的驾驶姿势。在驾驶不熟悉车辆上路行驶时,一定要给自己留出一个熟悉车辆的过程,这个过程尽量选择路面状况良好、比较空旷的路段,行驶过程中注意控制行驶速度(图1-2-3)。

图1-2-2 报复性驾驶行为的后果

图1-2-3 控制行驶速度

(2)由于驾驶操作动作不熟练而造成的操作失误,究其原因大多是由于在学习培训过程中,没有注意养成一个良好的驾驶习惯,没有做到规范驾驶。这就要求我们在驾驶人学习培训过程中必须严格遵守操作规范,规范操作每一个操作机件,熟练掌握各机件的操作方法以及相互之间的协调配合,培养良好的驾驶行为习惯。

(3)驾驶人在实习期间很容易出现紧张情绪,驾驶技能不够娴熟、驾驶经验的缺乏、道路交通情况的复杂多变等都是造成紧张情绪的原因,克服驾驶过程中的紧张情绪对安全驾驶至关重要。

(二)在湿滑路面上紧急制动

车辆在湿滑路面上行驶,由于轮胎与路面间会形成一层水膜,轮胎的附着系数变小,制动距离显著增加,在紧急制动时,极易出现车辆侧滑失控而导致事故的发生。

三、驾驶人注意力分散

安全与谨慎驾驶的黄金原则是集中注意力、仔细观察、提前预防,在行车过程中,驾驶人

图1-2-4 注意力分散

要不断地观察和处理道路交通环境中的各种信息,若注意力不集中,就做不到全面地观察,有可能遗漏一些重要的交通信息,从而造成驾驶人无法对车辆四周的交通情况做出准确判断,也就无法提前预防危险的发生。

引起驾驶人注意力分散的原因分为主观原因和客观原因。主观原因是由驾驶人自身的不安全驾驶行为引起的注意力分散,客观原因是受外界事物和环境影响引起的注意力分散,如图1-2-4和表1-2-1所示。

引起驾驶人注意力分散的原因和解决办法 表1-2-1

注意力分散的原因		解 决 办 法
主观原因	精神紧张或情绪不稳定	在驾车前调整好自己的情绪,降低精神紧张程度,保持一个相对比较轻松的状态
	使用手机	驾驶过程中杜绝接听或拨打手机,更不能用手机进行聊天、玩游戏等,确实有特殊情况需要使用手机时,应将车辆停在允许停车的安全地点,然后再使用手机
	与乘客热烈交谈	驾驶过程中不要与乘客过多的交谈,交谈不能过于热烈,更不能发生激烈的争吵,若是在城市道路等交通状况比较复杂的路段,应该禁止交谈
客观原因	音响音量过高	及时将音量调低,以便能够及时察觉到车辆四周的交通状况,不要因音响里的播放内容而分散注意力,不要经常摆弄音响控制开关
	车上有小孩哭闹	应将车辆停在允许停车的安全地点,妥当处理后,再继续行驶

四、疲劳驾驶

(一)疲劳驾驶的定义

疲劳驾驶是指驾驶人在长时间连续行车后产生生理机能和心理机能的失调,而在客观上出现驾驶技能下降的现象。

(二)产生疲劳驾驶的原因及表现形式

疲劳是人经过连续的体力和脑力劳动后,工作能力暂时下降的一种状态。驾驶中产生疲劳主要是由于连续长时间驾驶或没有合理调整睡眠时间造成的。疲劳会使驾驶人感觉和知觉能力弱化,听觉和视觉敏锐度降低,甚至出现错觉现象;还会造成驾驶人反应时间显著延长,对道路交通情况判断能力下降。

(三)轻度疲劳与重度疲劳的后果

(1)轻度疲劳会使驾驶人反应判断能力下降,操作动作的及时性和准确性开始下降。当产生中度疲劳时,驾驶人反应判断能力急剧下降,操作动作会出现经常性的差错,极易导致事故发生。疲劳驾驶如图1-2-5所示。

（2）当驾驶人处于重度疲劳时，会出现经常性的意识丧失和对外界刺激没有反应的现象。

（四）疲劳驾驶带来的危害

（1）驾驶人疲劳时，判断能力下降、反应迟钝和操作失误增加。例如：出现换挡不及时、不准确；驾驶人处于中度疲劳时，操作动作呆滞，有时甚至会忘记操作，往往会下意识操作或出现短时间睡眠现象，严重时会失去对车辆的控制能力。

图 1-2-5　疲劳驾驶

（2）驾驶人疲劳时，出现视线模糊、腰酸背疼、动作呆板、手脚发胀或精力不集中、反应迟钝、思考不周全、精神涣散、焦虑、急躁等现象。会使驾驶员的动作协调性和准确性受到破坏，极易引发事故。

五、酒后驾驶

（一）酒后驾驶行为的表现形式

（1）缺乏安全意识和存在侥幸心理是驾驶人出现酒后驾驶行为的主要原因，盲目自信，没有正确地认识到饮酒给行车安全带来的严重影响。

（2）饮酒后会让驾驶人的视野变窄，视觉和听觉能力都会下降，不能正确地估计行车车速和安全间距；同时，驾驶人的反应会变慢，难以对道路交通情况提前做出正确的分析和判断，对道路交通情况的处理会变得犹豫不决，不能及时有效的采取处理措施；若是醉酒驾驶，驾驶人甚至会完全丧失对道路交通情况的分析和判断能力；另外酒后还会让驾驶人胆子变得更大，容易出现冒险的驾驶行为，甚至还会做出一些情绪失控的暴力行为。

（3）我国法律规定，饮酒驾车是指车辆驾驶人血液中的酒精含量大于或者等于 20mg/100mL，小于 80mg/100mL 的驾驶行为。醉酒驾车是指车辆驾驶人血液中的酒精含量大于或者等于 80mg/100mL 的驾驶行为。酒精含量测试如图 1-2-6 所示。

（4）喝酒时酒精的刺激使人兴奋，在不知不觉中就会喝多，当酒精在人体血液内达到一定浓度时，人对外界的反应能力及控制能力就会下降，处理紧急情况的能力也随之下降。对于酒后驾车者而言，其血液中酒精含量越高，发生撞车的概率越大。

图 1-2-6　酒精含量测试

（5）当驾驶人血液中酒精含量达 80mg/100mL 时，发生交通事故的概率是血液中不含酒精时的 2.5 倍；达到 100mg/100mL 时，发生交通事故的概率是血液中不含酒精时的 4.7 倍。即使在少量饮酒的状态下，交通事故的危险程度也可达到未饮酒状态的 2 倍左右。

（二）饮酒驾驶的六项危害

（1）视觉障碍。一般人在平常状态下的外围视界可达180°，如果酒精含量超过0.08%，可使驾驶人视力暂时受损，视像不稳，辨色能力下降，因此不能发现和正确领会交通信号、标志和标线。同时饮酒后视野大大减小，视像模糊，眼睛只盯着前方目标，对处于视野边缘的危险隐患难以发现，易发生事故。

（2）运动反射神经迟钝。慢了1~2s。如车速为60km/h，1s车子就已经跑了16.67m，反应迟钝必然会产生严重后果。

（3）触觉能力降低。饮酒后驾车，由于酒精的麻醉作用，人的手、脚的触觉较平时降低，往往无法正常控制加速踏板、制动踏板及转向盘。

（4）判断能力和操作能力降低。饮酒后，对光、声刺激反应时间延长，本能反射动作的时间也相应延长，感觉器官和运动器官如眼、手、脚之间的配合功能发生障碍，因此，无法正确判断距离、速度。

（5）心理变态。酒精刺激下，人有时会过高估计自己，对周围人劝告常不予理睬，往往做出极端的事。

（6）易疲劳。饮酒后由于酒精的作用，80%的人容易出现肝留迷，也就是人们常说的困倦、打瞌睡，表现为行驶不规范、空间视觉差等疲劳驾驶的行为而引发交通事故。

六、其他交通参与者的不安全行为

发生道路交通事故的原因除了机动车驾驶人因素以外，行人、乘车人、非机动车驾驶人等其他交通参与者的一些违反交通法律法规、冒险的交通行为也是重要原因。

（一）行人的交通特性与风险因素

与驾驶人相比，行人这一群体数量众多，但安全意识参差不齐，经常会出现一些违反交通法律法规、冒险的交通行为，一旦发生交通事故，很容易受到重创，甚至死亡。

1. 儿童

儿童由于受生理和心理成长因素的影响，没有自我保护的意识与能力，并且具有爱玩耍、好动的天性，很容易出现一些突然、惊慌的行为特性。

（1）好奇心强，不注意观察交通状况，注意力通常集中于自己感兴趣的事物。常常会因为玩耍而不顾及周边的交通情况，遇到突发状况时还会惊慌失措，做出一些危险的举动。

图1-2-7　儿童横穿道路

（2）身材矮小，容易落入驾驶盲区。与成年人相比，儿童的身材矮小，当他们处于驾驶盲区时，很难被发现。驾驶人在起步或倒车之前，必须下车观察车辆四周的情况，确保安全。

（3）行为无常，会做出一些比较突然的举动。儿童可能会因追赶落入路中的玩具而突然横穿道路，还可能在横过道路（图1-2-7）时受到其他因素的影响突然返回等。

驾驶人在行车过程中,特别是经过一些儿童比较容易出现的路段(如学校附近、小区附近的路段等),即使没有儿童出现,也要有足够的思想准备,注意观察,提前减速,随时做好减速或停车让行的准备。

2. 青少年

青少年是一个朝气蓬勃、充满活力的群体,在参与道路交通过程中会表现出不注意观察交通情况、敢于冒险、容易冲动等特点。

(1)不注意观察交通情况。青少年结伴而行时,往往并排行走、谈笑风生,甚至还会打闹嬉戏,而不注意观察周边交通情况;若是单独行走,青少年往往只顾低头看手机,同样对周围交通情况观察较少。

(2)敢于冒险。青少年常常表现出喜欢冒险而不顾后果的特点,他们会为了贪图方便而翻越道路中央隔离栏(图1-2-8)、在机动车道上行走、闯红灯等。在行车过程中遇到青少年,应注意观察其神情与动态,提前减速,注意避让。

3. 老年人

老年人由于受到身体等各方面因素的影响,行动缓慢、反应慢、应变能力差。

(1)反应、行动迟缓。老年人视力与听力都会下降,因此反应要比年轻人慢,对于道路交通情况的变化不能做出迅速、准确的判断;同时,老年人的腿脚行动能力也变得迟缓。

(2)应变能力差。老年人参与到道路交通环境中,往往会感到力不从心,特别是在复杂的城市道路上,当遇到突发危险时,不能及时做出正确的躲避动作。

行车中遇到老年人要有耐心,提前降低车速,注意观察老年人的动态,特别是在老年人横穿道路时,不能由于他们行动缓慢而去催促、抢行,应该停车让行,使其能够安心、平安地通过。

4. 残疾人

不同的残疾人伤残情况不同,他们的感知、判断、行动能力存在着较大的差异,驾驶人必须充分了解不同残疾人的特点,及时地采取相应的礼让方法,文明、安全的通行。

(1)盲人:盲人由于看不见周围的物体,只能通过听觉或借助其他工具来判断周围状况,在其行走或横穿道路时对交通情况的察觉能力较差,有的还需要借助盲人通道或他人的帮助(图1-2-9)。

图1-2-8 翻越中央隔离栏

图1-2-9 盲人过马路

(2)聋哑人:聋哑人听觉较差,一般对声音刺激感觉迟钝或没有反应。

(3)下肢有残疾的人:下肢有残疾的人一般行动不便,他们的行走需要借助拐杖或者轮椅才能完成,所以行动会相对比较缓慢,对突发的情况,不能及时有效地躲避。在行驶过程中遇到残疾人要特别引起注意,提前减速,不能鸣喇叭催促,必要时停车让行。

(二)乘车人的不安全行为

乘车人由于受自身的安全意识高低与乘车环境因素的影响,在车辆行驶过程中可能会有一些不安全的乘车行为出现,如不系安全带、随意在车内走动、在机动车道上拦乘机动车、与驾驶人热烈交谈或妨碍驾驶人安全驾驶、将手伸出窗外、下车后突然从车辆前方横穿道路等。

图 1-2-10　非机动车驾驶人

(三)非机动车驾驶人的不安全因素

我国非机动车数量众多,骑非机动车出行占人们出行比例的30%以上,非机动车驾驶人(图1-2-10)大多比较缺乏安全知识,有的甚至对道路交通安全法律法规都一知半解,这就造成了我国道路交通事故中因非机动车驾驶人违法行为引发的事故占到了10%以上,机动车驾驶人有必要对非机动车驾驶人的一些行为特点进行了解,以便可以提前预测非机动车驾驶人的行为动态,防止事故的发生。

第三节　车辆、行李物品及货物的不安全因素

道路运输过程中,车辆、行李物品及货物也是不安全因素,主要表现在车辆本身特点引发的行车不安全因素,车辆技术状况的不安全状态及行李物品的不安全因素三个方面的内容。

一、客运车辆本身特点引发的行车不安全因素

(一)客运车辆本身的特点

在行驶过程中大客车具有抵抗外界干扰保持行驶稳定而不发生颠覆和侧滑,在额定载客质量条件下,能以足够的平均速度通过各种差路、无路地段和克服各种障碍,并能强制地降低行驶速度,在下坡时能保持稳定的安全车速(图1-3-1),并能可靠地停住的能力等特点。

(二)客车超员的危害

《中华人民共和国道路交通安全法》第四十九条规定:机动车载人不得超过核定的人数,客运机动车不得违反规定载货。在实际驾驶过程中客车驾驶人超员和严重超员的情况比比皆是。

图 1-3-1　下坡时保持稳定安全车速

案例情景

2011年11月16日9时15分,甘肃省庆阳市正宁县榆林子镇小博士幼儿园驾驶人杨××驾驶甘MA49××号小型普通客车,乘载64人,自西向东行驶至榆林子镇马槽沟村处,与对向行驶的陕D722××号重型自卸货车正面碰撞,车体侧翻,造成22人死亡、44人受伤。

案例分析

一次事故,让22条生命瞬间结束,留下的是家人悲伤的泪水和世人无尽的惋惜。此次事故中,甘MA49××号校车为正宁县榆林子镇小博士幼儿园所有,车厢内除驾驶人座椅和副驾驶座椅外,其余座椅被全部拆除,改为安装了"日"字形座架,以便超员载人,系非法改装。车门上明确喷涂了核载9人的字样,实际却乘载了64人。该园教师每天随车接送学生,对违法超员行为习以为常,安全意识极其淡漠是导致事故的根源。

(三)客车超员的具体表现

客车超员给安全行车带来严重安全隐患。一般来说,大型客车载客超过核定人数5人以内的为超载,超过核定人数6人以上的为严重超载。客车严重超员会带来一系列的不安全因素,如制动效能变差、横向稳定性能变差、不利于安全防火等。具体表现如下:

(1)制动效能变差。根据客车制动器热衰退的原理,有关人员对宇通客车试验资料显示,当制动蹄片温度高达436～460℃时,其制动力矩下降,前轮只有正常温度时(200℃以内)的23%,后轮只有正常温度时的27%。由此可知,严重超员的客车在下大、陡坡时连续使用制动后,会因制动蹄片受热衰退的影响导致制动效能变差、制动距离延长,还会造成制动跑偏、侧滑,严重的将会导致制动失效。

(2)横向稳定性能变差。当客车转弯或行驶中转向时,会出现一种离心力而直接和横向稳定力相抵抗,如果发生离心力大于或等于横向稳定力的情况时,就会发生侧滑或翻车。客运车辆本身结构、装载要求的特殊性等与其他机动车存在很大差异,如果驾驶人不了解这些差异,不注意这些差异性和特殊性给客运安全带来的风险,很容易引发交通事故。具体见表1-3-1。

危险源——客车本身特点的行车不安全因素(第一危险源)   表1-3-1

危险源分类	危 险 源	具 体 表 现	图 例
机构性存在风险	客车庞大(车身较长、较宽、较高),满载总质量较大	1. 转弯、倒车、停车、超车等占用多车道; 2. 重心高,容易侧翻; 3. 遇软路肩、危桥,易压垮道路设施	

危险源分类	危险源	具体表现	图 例
机构性存在风险	客车存在视觉盲区	客车驾驶人看不到盲区内行人及其他机动车等	
行驶特点存在风险	与其他车辆之间存在速度差	高速公路大客车的设计车速及限制行驶车速不同,存在绝对速度差,迫使其他车辆频繁变更车道、超车,风险亦加大	
	内外轮差大	转弯时碰撞、刮擦内侧行人及其他车辆等	
	加速性能差	加速慢,被后车追尾	
	惯性大、制动距离长	前车有紧急情况,不能及时减速停车	

(四)客车严重安全隐患的具体表现

(1)客车超员。客车驾驶人无视安全、唯利是图是客车超员的关键因素。平时乘客不多,收效不高,而春运和暑假期间客源增多,在经济利益的驱使下,客车驾驶人铤而走险,只顾眼前,不顾以后,客车驾驶人为了赚取更多的利润,迎合并利用乘客乘车心切的心理,胆大妄为地见人就"装",见钱就赚。

(2)车辆状况差。客运车辆中存在一些旧车,车辆带"病"行驶现象严重。一些客车驾驶人为了挣钱,车出了毛病不停车检修,而是一直凑合使用,最终导致因车辆故障而肇事。更有些客运企业和客车驾驶人,为了谋取经济利益将交通安全抛之脑后,将一些旧车、淘汰车、接近报废期的车,以低廉的价格购进和出售,买主购进车后略加修整便上路行驶,从事营运活动,从而成为交通事故的直接隐患。

(3)驾驶人唯利是图。虽然交警部门规定驾驶人每天累计驾车不得超过8h,从事道路客运的驾驶人一次连续驾驶不得超过3h。但是,要让客车驾驶人自觉遵守这项规定是难以做到的,他们为了经济利益,总是多载快跑,舍不得多请其他人担任副驾驶人,舍不得停工休息。当人的身体处于疲劳状态时,大脑皮层的细胞处于休眠状态,此时反应迟缓,注意力不能集中,遇到突发情况时往往处于被动态势。

(4)超速行驶。节假日时乘客多,为了多跑一趟,驾驶人开"英雄车"横冲直撞,超速行驶;无节假日又出现"客车多,乘客少"的状态,不可避免地出现了同线路车与车之间的竞争,为了多拉客、多挣钱,形成了路上抢客源、争当车头、相互追逐等超速行驶的交通违法行为。实验表明:当客车速度为160km/h时,原来视力为1.5的眼睛将相当于不到0.4。在速度为120km/h时紧急制动,后排台子上的手机可以从后脑勺穿过,从嘴里出来。

在速度160km/h以上,紧急制动,副驾驶人可能被安全带勒断锁骨。在速度160km/h及以上时,轮胎应该比标准胎压高。一般轮胎不支持190km/h以上的速度。

(5)乘客交通安全意识淡薄。由于乘客乘车心切,完全把出行安全抛在脑后,慌不择车,不管客车是否有无座铺位、是否超员,只要能够将就上车、只要能够到达目的地就行;由于超员客车相比较那些豪华客车的票价便宜一些,大部分经济状况差的乘客自然而然地选择乘坐超员客车(图1-3-2)。

图1-3-2　超员客车

二、客运车辆技术状况的不安全状态

客运车辆技术状况的不安全状态主要包括客车技术状况不良和安全装置失效。

(一)客运车辆技术状况不良

1.客运车辆技术状况不良的具体表现

客运车辆技术状况不良的具体见表1-3-2。

危险源——客车技术状况不良　　　　　　　　　　表1-3-2

危险源分类	危险源	具体表现	图例
技术状况不良	制动劣化或失效	不能及时制动或车辆失控	
	转向不良或失效	不能按意图转向	

危险源分类	危 险 源	具 体 表 现	图 例
技术状况不良	照明、信号装置故障	1.前照灯损坏,照明受到影响,夜间行驶时驾驶人无法观察路况; 2.转向灯不良,转向意图不能传递等	
	侧向稳定性差	车辆在横向坡道行驶或进行超车、转弯时,易发生侧滑或侧翻	
	客车悬挂、减振系统缺陷	车辆经过坑洼路面时,颠簸严重,使驾驶人或乘客感觉不适,还可能使装载的货物掉落	
	车速表故障	驾驶人不能准确掌握行驶速度	
	轮胎磨损严重、有裂纹或扎入杂物	1.车辆在行驶过程中行驶附着力不够,制动距离延长; 2.易发生爆胎等	

续上表

危险源分类	危 险 源	具 体 表 现	图 例
技术状况不良	发动机故障	1. 车辆无法起动; 2. 车辆抛锚、应急停车影响其他车辆通行; 3. 车辆中途熄火,无法正常操控	

（1）动力性下降。客车的最高行驶速度降低,加速时间和加速距离增加,客车最大爬坡能力下降。试验表明:客车行驶接近大修里程时,其最大行驶速度比一般新车下降10% ~ 15%,而加速时间将增加25% ~35%。以上情况说明旅客运输运行能力或动力性已经明显下降。

（2）经济性变坏。经济性一般是指发动机所消耗的燃料和润滑油比正常用量增多,用量增长越多,则发动机的经济性越低。从整个旅客运输来看,如果轮胎磨损快,小修费用增多,客车运行成本提高,表明旅客运输的经济性降低。

（3）工作可靠性变坏。客车在运行中的故障(如漏油、漏水、漏电、发热、异响等)增多,停驶修理的次数增加,甚至由于机件损伤严重,会造成行车事故,行车安全无法保证,使旅客运输效率降低,运输成本增高。这都说明客车的工作可靠性变坏。

2. 客车技术状况不良的主要原因

零件磨损的结果往往使零件原有尺寸和几何形状发生变化,因而破坏了原来的配合性质,使静配合松动,动配合的间隙增大,造成润滑条件变差。

3. 客车技术状况不良的危害

由于客车技术状况不良引起交通事故的情况时有发生,这类事故其后果一般比较严重。起因通常是由于制动失灵,转向失灵,车辆装载不符合规定及牵引失误等。

案例情景

西安一家名叫依诺相伴生活馆的保健品销售企业,以答谢会的名义组织客户到淳化旅游,并借机推销保健品。于2015年5月14日承租了一辆没有营运资质的大客车,5月15日下午返回西安途中,车辆行驶至陕西省咸阳市淳化县境内载有46人的大客车在一处下坡路左转时失控,从道路右侧冲出路面,越过路外侧绿化台并向右侧翻滑下落差32m的山崖。在事故现场,大客车坠崖后车头猛烈撞击地面,冲击力造成乘客向前翻倒,车上70%的座椅脱落。当时车上乘客一共46人,35人死亡、11人受伤,其中绝大多数都是上了年纪的老人,60岁以上的就有30人。

案例分析

这辆肇事的大客车是一辆北京淘汰的客运车辆,这种淘汰的营运车辆转为地方牌照在行业内被称为"营转非",这辆车从2003年开始在北京从事客运,2011年营转非,后来卖到陕西铜川,几经转手,2014年4月底卖给西安的师××。师××买到手以后没有办过户手续,也没有营运证,平时这辆车的用处就是红白喜事、会议旅游等拉私活包车,一般就在西安周围运营,不具备道路客运资质,车辆安全性能也不过关是这起事故的直接原因。

4.客车技术状况的重要性

客车技术状况的好坏,对行车安全有着极其重要的作用。车辆因技术状况不良而造成的交通事故,主要有以下几个方面:

(1)转向系统(图1-3-3)。转向装置是车辆操作性能的关键,必须绝对可靠。尤其在高速公路、山区道路行驶时,转向系统的状况更为重要。如技术状况变坏,就会出现转向沉重、汽车摆头、行驶偏向现象;转向横、直拉杆等连接部分脱落或转向盘脱出而造成转向失灵,则会酿成重大交通事故。

(2)制动系统(图1-3-4)。车辆制动装置的技术状况必须能提供足够的制动摩擦力,在使用制动时又能保持良好的稳定性。客车行驶中,因制动异常而造成的事故,其中一个重要的原因是制动系统技术状况变坏而影响制动效果。在制动过程中,特别是紧急制动时最常见的异常现象是制动距离延长,制动跑偏和侧滑。这种现象严重威胁着客车行驶的安全。

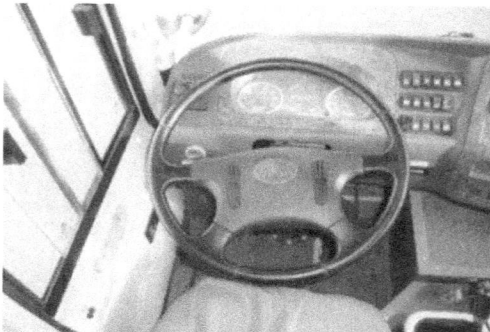

图1-3-3　客车转向系统

图1-3-4　客车制动系统

(3)车轮和轮胎。客车车轮及轮胎的技术状况直接影响行车安全。车轮的轮毂轴承锁紧螺母松动脱落,会造成车轮自动飞出;前轮使用修补过的轮胎会造成左右不平衡,行驶时发生摆动现象;轮胎磨损过大,气压过高或过低,在行驶中会发生轮胎爆裂;尤其是前轮爆裂会造成急剧偏行,车速越高危险性越大。

(4)喇叭、灯光。客车的喇叭、灯光信号的状况也直接关系着客车的行车安全。

(5)发动机能否保证不间断工作和传动装置、车架、悬架装置等的技术状况,都对行车安全有一定的影响。

(二)客车安全装置失效

客车安全装置失效具体见表1-3-3。

危险源——客车安全装置失效   表 1-3-3

危险源分类	危 险 源	具 体 表 现	图 例
主动安全装置失效	视镜损坏	视镜损坏,驾驶人观察道路交通情况受到影响	盲点凸面镜
	刮水器失效	刮水器雨、雪天无法使用,视线受影响	
	喇叭失效	喇叭不响,其他驾驶人或交通参与者听不到车辆靠近的信号	
	遮阳板掉落	驾驶人被太阳光直射,影响观察	
	防抱死制动系统(ABS)等安全装置失效	车轮抱死,客车侧滑	

危险源分类	危险源	具体表现	图例
被动安全装置失效	安全气囊损坏	车辆发生碰撞等事故时,安全气囊不能弹出,驾驶人头部直接撞到转向盘或前风窗玻璃上	
	安全带损坏	客车发生碰撞等事故时,无法束缚驾驶人或乘客,致使他们飞出车外	
	保险杠损坏	客车发生碰撞事故,无法吸收、缓和外界冲击力,防护车体	
	座椅安全头枕损坏或掉落	紧急制动或车辆发生事故时,驾驶人头部得不到保护,颈椎易受伤害	
	风窗玻璃损坏	影响驾驶人视野,易使驾驶人受伤	

续上表

危险源分类	危　险　源	具 体 表 现	图　　例
被动安全装置失效	灭火器、警告标志、安全锤、应急门开关等损坏或缺失	出现紧急情况,无法及时有效处置	

1. 主动安全装置

主动安全装置指的是发生撞击之前所做动的辅助装置。这些装置在车辆接近失控时便会开始做动,以各种方式介入驾驶的动作,希望能利用机械及电子装置,保持车辆的操控状态,能够全力让驾驶人恢复对于车辆的控制,避免车祸意外的发生。

2. 被动安全装置

被动安全装置(图1-3-5)是指在交通事故发生后能尽量减小人身损伤的安全装置,包括对乘客和行人的保护。被动安全装置不能防止或避免事故的发生,但是,它们可以在车祸意外发生,客车已经失控的状况之下,对于乘坐人员进行被动的保护作用,希望透过固定装置,让车内的乘员固定在安全的位置,并利用结构上的导引与溃缩,尽量吸收撞击的力量,确保车内乘员的安全。

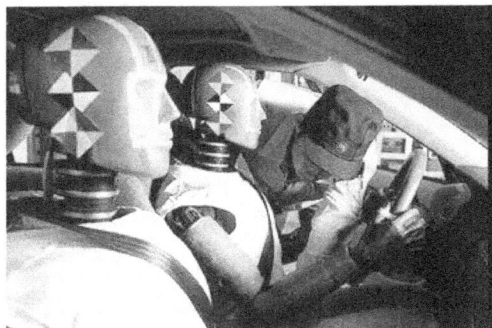

图1-3-5　被动安全装置

三、行李物品的不安全因素

行车过程中,乘客所携带的行李物品等,如果摆放和装载的位置、方法不合适,会对车内人员人身安全及行车安全带来一定风险。除此之外,车中湿滑的地板、破损的座椅等也可能对人的安全构成威胁。

(一)乘客行李物品的不安全因素的具体表现

车内物品的不安全因素具体见表1-3-4。

危险源——车内物品的不安全因素　　　　　　　　表1-3-4

危险源分类	危　险　源	具 体 表 现	图　　例
客车行李物品危险	乘客行李、随身物品存在危险或摆放方式和位置不合适	1.乘客携带危险物品上车,未被发现,易发生危险后果; 2.放在行李架上的物品掉落,砸伤乘客,放置在椅子下的行李部分露出绊倒乘客等	

（二）乘客行李物品不安全因素的危害

（1）仪表台上放置物品的危害。如果把常用的物品放置在仪表台上，如手机、钱包、香水瓶一类的物品，尽管它们的重量不是很大，而且多数客车与驾驶人认为其与安全没有联系。但是，如果真的发生事故，后果是不堪设想的。一方面，当客车在行驶过程中进行变线或者紧急制动时，这些物品往往会滑落而影响安全驾驶或者带来非常大的冲击力；另一方面，有时即使真的发生了碰撞但人本身毫发无伤，却被手机、钱包、香水瓶之类的物品击中而带来危害（图1-3-6）。

图1-3-6　放置手机

（2）客车驾驶人后排座椅或过道上放置物品的危害。如果乘客将书包、公文包、电脑包放在客车驾驶人后排任何一个座椅的上面，假如客车车速为70km/h时紧急制动至停止，放在后排座椅上的相机包和物品在惯性的作用下物品飞行轨迹很有可能冲到前排对驾驶人和乘客造成巨大的伤害。即便没有发生碰撞，在这样的速度下制动物品飞出撞在前排座椅或滚落在过道上，也会对书包内的笔记本电脑、相机等电子仪器造成巨大的损失。

客车过道上不要放重物，比如刚买来的高压锅等。一旦发生事故，重物会冲到前后排，很容易造成前后排乘客身体任何部位的伤害以及贵重物品的损坏。尤其是不能放置任何尖锐物品，例如一些刀、棍、钢管等具有很强穿透力的物品，一旦紧急制动，这些东西就成了夺命利器。

通过以上情况的介绍可知，把握好点滴的细节就可以在危急时刻拯救我们的生命，看似小小的手机、钱包、香水瓶或书包、公文包、电脑和重物等，一旦发生紧急情况就会变成致命的"炮弹"，其安全隐患非常之大，甚至直接威胁到客车驾驶人和旅客的生命安全。

案例情景

2016年7月1日晚，一辆从河北省邢台市出发驶往辽宁省沈阳市、牌照为"冀EA55XX"的长途卧铺客车，途经津蓟高速宝坻区尔王庄镇小高庄段宝坻段出现落水事故。初步调查，系车辆爆胎后冲出路外，坠入高速公路桥下的闰东渠内。该客车载有30人，事故造成26人死亡，4人受伤的重特大交通事故。

案例分析

事故车辆驶至临水路段时爆胎后，由于客车驾驶人处理不当，冲出路外撞坏高速隔离护栏，翻坠入河道，造成事故。

第四节 道路的不安全因素

道路的不安全因素主要包括典型道路的不安全因素、特殊路段的不安全因素。

一、典型道路的不安全因素

典型道路的不安全因素包括城市道路、山区道路、高速公路、乡村道路与城乡接合处路段。

（一）城市道路

1. 城市道路交通概述

近年来，随着城市化进程的进一步加快以及城市机动车程度的日益提高，加剧了长期以来形成的城市机动车增长与道路设施滞后的结构性矛盾。我国城市道路混合交通严重，存在道路交通设施匮乏、道路复杂的状况，表现为交通拥堵加重，交通秩序不加，城市道路的不安全因素引起众多交通事故。

2. 城市道路的不安全因素

城市道路的不安全因素见表1-4-1。

城市道路的不安全因素 表1-4-1

道路类型	危 险 源	具 体 表 现	图 例
城市道路	交叉路口（城市道路路口）	机动车、非机动车、行人混行，交通复杂，形成了很多冲突点和交织点，易引发交通事故	
	主路、辅路	车辆进出主、辅路时，驾驶人视线受阻，会与其他车辆形成交通冲突	 辅路并入主路车辆 主路车辆 公交车车身较大无法通过
	公交站点	公交站点有路中式、路侧式，人员密集，行人会从停靠的公交车前侧横穿道路，或者为追赶公交车而不顾及周边的交通情况，以及公交车辆停放占据车道，影响其他车辆通行	

道路类型	危险源	具体表现	图例
城市道路	出租车随意停车揽客	出租车遇到路侧乘客招手时,会突然停车或靠右侧停车,与其他车辆形成交通冲突	
	路段施工	城市道路施工造成车道数减少,路面不平整,影响机动车正常通行	
	交通高峰期	交通高峰期会出现车辆突然增加,以及变道、强行加塞现象	
	井盖附近路面	井盖附近的路面因长期碾压出现凹凸不平,车辆行驶易出现塌陷、爆胎、急转避让等引发交通事故	
	路面淹水	雨季或大暴雨后,城市地下疏水系统工作状况不良,易导致路面积水,影响机动车正常通行	

（二）山区道路

1. 山区道路交通概述

由于地形地貌复杂，山区公路交通情况也极为复杂多变，山区道路很多地方是盘山公路，环山、环水而建，这就给公路运输及运量带来限制。因此，在山区道路行驶会引发车辆失控、追尾、碰撞、翻车、坠崖等事故。

2. 山区道路的不安全因素

山区道路的不安全因素见表1-4-2。

山区道路的不安全因素 表1-4-2

道路类型	危险源	具体表现	图例
山区道路	连续上、下坡	车辆连续上下坡、频繁制动，易导致制动失效，使发动机温度过高，或换挡不当，引起发动机熄火或溜车	
	路窄、转弯急	视距差，无法全面观察来车情况；车速控制不合适；车辆易驶出路外；占道行驶严重，超车、会车危险性大等	
	安全防护设施不完善	危险路段多，安全防护设施不完善，车辆易冲出道路	
	交通标志、标线匮乏	驾驶人不能准确地判断路况，容易引发交通事故	

道路类型	危险源	具体表现	图例
山区道路	山体滑坡落石	阻碍道路或直接造成事故	
	临水、临崖	容易发生碰撞山体、翻入山谷等事故	
	云雾缭绕	秋冬季节或高海拔山路,易出现云雾,影响驾驶人视线,无法观察路况	

(三)高速公路

1. 高速公路交通概述

高速公路专供汽车分道高速行驶,路面有 4 个以上车道的宽度。中间设置分隔带,采用沥青混凝土或水泥混凝土高级路面,设有齐全的标志、标线、信号及照明装置;禁止行人和非机动车在路上行走,与其他线路采用立体交叉、行人跨线桥或地道通过。在高速公路上驾驶车辆,每时每刻都面临着意想不到的危险,稍有疏忽就会出现失控导致交通事故,常见的交通事故有追尾、翻车、爆胎、撞护栏、失火等。

2. 高速公路的不安全因素

高速公路的不安全因素见表 1-4-3。

高速公路的不安全因素   表 1-4-3

道路类型	危险源	具体表现	图例
高速公路	违法倒车,逆向行驶	由于高速公路控制出入、单行行驶,驾驶人易采取违法倒车、逆向行驶等错误操作	
	超速行驶	由于路况好,驾驶人对速度的感知能力下降,易超速行驶	
	制动距离长	速度高,制动停车距离长,容易发生连环事故	
	易疲劳	长时间驾驶,驾驶人易疲劳	
	车辆性能易发生变化	车辆长时间运行,车辆性能易发生变化,如爆胎,水温升高,制动失效等	

道路类型	危险源	具体表现	图例
高速公路	突然停车变道占用应急车道等违章行为	驾驶人易突然停车和变道后占用应急车道等违章行为且不采取安全处置措施,不易被后方车辆辨识,造成追尾事故	
	突遇行人、动物或车道内有障碍物	高速情况下,突遇行人、动物或车道内有障碍物,处置不当易发生事故	
	客车辆重心高	客车辆重心高,速度快,遇突发情况极易侧滑、侧翻	
	迷失方向	驾驶易迷失方向,选择错误的道路	
	云雾、烟雾	驾驶中遇云雾、烟雾,影响视线	

续上表

道路类型	危险源	具体表现	图例
高速公路	路面有积水	容易引起水滑,对安全行车产生干扰	
	"水面"效应	路面在阳光照射下易产生"水面"效应,对安全行车产生干扰	

（四）乡村道路与城乡接合处路段

1. 乡村道路与城乡接合处路段交通概述

乡村道路是道路交通的组成部分,在促进农村经济迅速开展的同时,也给道路交通安全管理带来新的挑战。农村道路路况差、设施差,尤其是在乡镇农村和边远山区公路简易性和不规范性较突出,乡村道路狭窄、弯多、坡陡、视距差、临水临崖、缺少交通标志标线、无安全防护措施,交通隐患相当突出,交通管理基础十分薄弱,涉农的重大交通事故频发,给广大农民的生命财产安全造成极大危害。

城乡接合处道路多数为混合交通,平面交叉口多,交通信号及其他设施不完善,交通毫无秩序,占道经营、赶集等危险因素多,属于事故多发地带。

2. 乡村道路与城乡接合处路段的不安全因素

乡村道路与城乡接合处路段的不安全因素见表1-4-4。

乡村道路与城乡接合处路段的不安全因素　　　表1-4-4

道路类型	危险源	具体表现	图例
乡村道路与城乡接合处路段	道路等级低	道路等级低,通行条件差,车辆易发生事故	

道路类型	危 险 源	具 体 表 现	图 例
乡村道路与城乡接合处路段	非法占用道路	农民占道晒粮、占道摆摊、占道放牧现象影响安全行车	
	安全保障设施不完善	交通标志和信号装置不全	
	交通参与者违规行为	由于交通参与者安全意识淡薄,违规现象普遍存在	
	交通量大	由于乡村公路路窄,主干道交通大大,易引发交通事故	
	占道经营	城乡接合处道路本来就狭窄,被占道后使通行、会车等存在困难,易发生交通事故	

续上表

道路类型	危　险　源	具　体　表　现	图　　例
乡村道路与城乡接合处路段	交通信号及其他设施不完善	不遵守交通规则,车辆、行人、非机动车等你挤我抢,易发生碰撞事故	

二、特殊路段的不安全因素

特殊路段的不安全因素包括隧道、桥梁、涵洞、交叉路口、施工道路、路面因素等。

(一)隧道不全因素

1.隧道交通概述

在我国,隧道大多位于山脉纵横、丘陵沟壑的区域,高速公路相对平坦的特点决定了多数隧道较长距离的空间近似封闭。在相对狭窄的空间,高速公路交通量、车型、车载可燃物等因素决定了高速公路隧道发生消防安全、交通事故的多样性和不确定性。可以说,高速公路隧道越长,交通量越多,隧道内发生交通意外、消防意外的可能性就越大。

2.隧道的不安全因素

隧道的不安全因素见表1-4-5。

隧道的不安全因素　　　　　　　　　　表1-4-5

道路类型	危　险　源	具　体　表　现	图　　例
隧道	能见度低	隧道照明差,能见度低,易引发追尾事故	
	限高、限宽	隧道限高、限宽,大型车辆易碰撞入口	

道路类型	危 险 源	具 体 表 现	图 例
隧道	行车道少	隧道内行车道少,强行超车易引发交通事故	
	突然停车、变道等违章行为	驾驶人易突然停车和变道后占用应急车道等违章行为且不采取安全处置措施,不易被后方车辆辨识,造成追尾事故	
	通风条件差	隧道通风条件差,不利于尾气、有害物、油污扩散,路面湿滑,车辆易侧翻	
	环境封闭,不易救援	高速公路受封闭的影响,隧道内发生紧急情况时救援难度大	
	隧道口结冰、出口横风	受温度的影响,隧道口存在结冰和横风,影响驾驶人对车辆的控制	

续上表

道路类型	危 险 源	具 体 表 现	图 例
隧道	眼睛对光的适应	隧道出入口光线明暗变化,驾驶人眼睛出现"明适应"和"暗适应",驾驶人易出现短暂的"失明"	

(二)桥梁、涵洞不安全因素

1.桥梁、涵洞交通概述

(1)桥梁:一般指架设在江、河、湖、海上,使车辆、行人等能顺利通行的构筑物。为适应现代高速发展的交通行业,桥梁亦引申为跨越山涧、不良地质或满足其他交通需要而架设的使通行更加便捷的建筑物。大型公路桥梁作为区域间道路交通网的关键路段,交通量快速增加,过桥流量也日益增加,而桥梁存在限载、限高、限宽,故桥上的交通事故呈现增长势头,桥梁交通事故也存在多样性,通常还会导致二次事故。

(2)涵洞:涵洞在公路工程中占较大比例,是公路工程的重要组成部分。涵洞用作交通,供行人、车辆通过。受地理条件和桥梁设计影响,要注意限高或限宽,超过规定时要绕道行驶,避免造成撞垮桥体或被卡在涵洞里。

2.桥梁、涵洞的不安全因素

桥梁、涵洞的不安全因素见表1-4-6。

桥梁、涵洞的不安全因素   表1-4-6

道路类型	危 险 源	具 体 表 现	图 例
桥梁	路面窄	路宽限制,会车困难,易发生碰撞或驶出桥面	
	横风影响	在跨度较大的高架桥或跨海大桥上行驶时,遇到强烈的横风影响,车辆会产生侧翻、侧滑	

道路类型	危险源	具体表现	图例
桥梁	冬季结冰	车辆容易失控,发生侧滑	
	限重、限高	桥梁上设有限重、限高装置要求,车辆超重、超高会压垮或撞坏桥梁	
涵洞	限高、限宽	涵洞设有限高、限宽装置要求,车辆超高、超宽会卡在桥涵里或撞坏桥梁	
	积水	涵洞容易积水,车辆通行存在隐患	
	路窄	涵洞路面狭窄,会车困难,易发生碰撞	

(三)交叉路口(平交路口)不安全因素

1. 交叉路口交通概述

由于各条相交道路上的各种车辆和行人在此交汇,造成交叉路口上各个方向的车辆和行人之间相互干扰,极易出现交通阻滞、行车速度降低。由于车辆、行人汇集,交通量大,不遵守规则的车辆和行人经常争道抢行,不礼让,毫无秩序,因而危险因素多,驾驶中盲区多,驾驶人往往应接不暇,忽视对行人和非机动车的观察,对行车安全十分不利。交叉路口也是交通事故的多发地,有的交叉路口甚至还被当地群众称之为"死亡路口"。

2. 交叉路口不安全因素

交叉路口不安全因素见表1-4-7。

交叉路口不安全因素 表1-4-7

道路类型	危险源	具体表现	图例
交叉路口 (平交路口)	车辆、行人	在交叉路口,车辆、行人、非机动车等汇集,会导致驾驶人观察不到位,易发生碰撞事故	
	路面颠簸	在交叉路口,路面不平或设有建设带,车辆通过时,存在颠簸	
	铁路道口	在无人看守的铁路道口,驾驶人容易盲目与火车抢行,导致撞车事故	

(四)施工道路不安全因素

1. 施工道路交通概述

施工道路分为临时修建的道路和施工修护道路两种情况,临时修建的道路建设等级低,道路压实度低,沉降不足,平整度差,周边地形复杂,交通情况混乱;施工修护道路存在道路突然中断和变窄、有施工设备和行人等情况,会出现车辆失控、追尾、翻车等交通事故。

2. 施工道路不安全因素

施工道路不安全因素见表1-4-8。

施工道路不安全因素 表1-4-8

道路类型	危险源	具体表现	图例
施工道路	临时修建的道路	1. 建设等级低,道路压实度低,沉降不足,平整度差,车辆易翻车、沉陷; 2. 周边地形复杂,交通情况混乱,行车存在危险	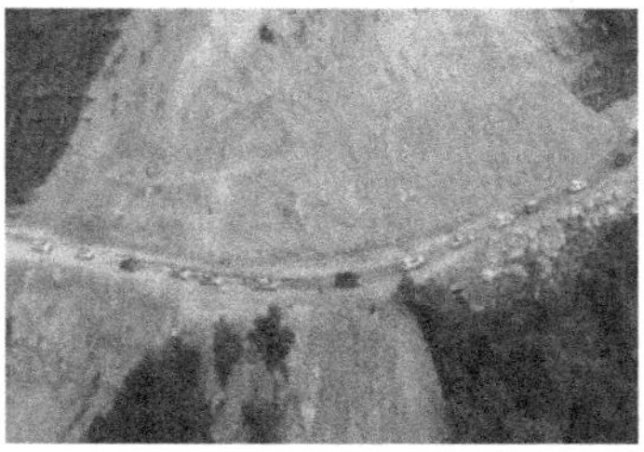
	施工修护道路	道路中断或变窄,车辆被迫变更车道或改变行驶线路	
		施工设施设备和人员影响车辆安全通行	
		路面有砂石,车辆容易发生侧翻	
		施工标志不明显或未设置,导致驾驶人应急处理不及时	

(五)路面因素的不安全因素

1. 路面因素交通概述

路面是车轮直接接触的表面,其附着力大小直接影响行车速度与行车安全,道路交通事故数量随附着力降低而增加,常见影响附着系数的外因有冰雪、涉水两种。

冰雪路面有结冰、路面溜滑、附着力低,制动性能差,制动距离长、车辆的稳定性降低,积雪对光线的反射会造成驾驶人眩目而产生错觉。易出现侧滑、侧翻、转向失控的交通事故。

涉水路面湿滑,路面附着力减小,制动距离增大,高速行驶容易出现"水滑"现象,路面积水等容易引起交通事故。

2.路面因素的不安全因素

路面因素的不安全因素见表1-4-9。

路面因素的不安全因素   表1-4-9

危 险 源	具 体 表 现	图 例
冰雪路面	1.附着能力较差,车辆容易发生侧滑; 2.路面被积雪覆盖,驾驶人很难辨识车道,难以选择行车路线和位置,很难发现潜藏的危险源; 3.雪地反射阳光,易引起驾驶人眩目; 4.行车道积雪易融化,行人和非机动车会抢占行车道	
涉水路面	1.积水过深,车辆贸然下水车辆容易熄火; 2.水流过急,车辆行驶易偏移或被冲走; 3.路面附着力降低,高速行驶易出现水滑现象	

第五节　夜间、特殊天气及自然灾害的不安全因素

夜间、特殊天气及自然灾害等特殊环境改变了车辆的正常行车环境,危险性很高,易引发交通事故。客车驾驶人要充分了解这些危险源的特点及风险,将交通事故消灭在萌芽状态。

一、夜间的不安全因素

道路运输行业每年的重特大道路交通事故中,有30%～50%都发生在夜间。客车驾驶人必须认识到夜间驾驶环境的特殊性,提高警惕,防止危险发生。

(一)夜间驾驶的影响

夜间观察道路状况和交通情况较白天难度大,道路上有的路段没有设立路灯,夜间的照明主要靠的是客车的前照灯。前照灯的射程只有200m左右,且是单向光,而客车驾驶人的夜间有效可视距离不足,对光的折射率低的障碍物的可视距离则更短。夜间驾驶客车时眼睛会因受到外界光线的影响而产生这样或那样的刺激感,造成眩目(图1-5-1)。

眩目会产生两种影响:一种是不舒适性眩目,对客车驾驶人眼睛造成不舒适的视觉条件会影响视认性,如后车灯光通过倒车镜或后视镜折射光和背景光产生的眩目;另一种是耀眼的眩目,会破坏驾驶人的能见度,如迎面来车远光灯的眩目,将会引起部分甚至是全部能见度的丧失。不管是会车、超车使用灯光时造成的眩目,还是障碍物的背景光太强使驾驶人产生眩目,都能直接影响客车驾驶人的能见度,威胁夜间驾驶安全。

(二) 客车夜间驾驶的危险源

1. 夜间高速公路行驶的危险源

客车驾驶人在评估夜间高速公路行驶时各种危险动作的危险程度时,必须把高速公路突然停车放在首位,夜间突然停车是非常危险的不良驾驶陋习(图1-5-2)。

图1-5-1　夜间观察道路　　　　　　　　　图1-5-2　夜间突然停车

2. 夜间爆胎的危险源

爆胎是威胁高速行车安全最大的阻碍,客车驾驶人应按照限速规定驾驶,如果夜间在高

速公路行驶发生爆胎事故,一定要沉着冷静,绝对不能采取紧急制动,应当双手握紧转向盘,迅速开启双闪灯,适时观察后视镜,在车速低于 100km/h 后,再轻踩行车制动踏板减速,选择安全地带停车避险。

3. 夜间超速行驶的危险源

在高速公路上众多交通事故都是因为超速行驶造成的。

案例情景

2011 年 7 月 4 日 3 时 50 分许,一辆从广东开往湖北天门的正常行驶的大客车在毛嘴高速公路路口被后面超速行驶的大货车追尾,翻落路基旁边的沟中,随后发生燃烧。造成 15 人死亡,30 人受伤的重特大交通事故。

案例分析

大货车驾驶人夜间在高速公路上疲劳驾驶就是危险源,而大货车超速行驶是构成交通事故的主要原因。

4. 夜间出行前、行驶中的危险源

夜间出行之前、行驶中如果没有认真检查客车的各项零件、灯光、油液、雨刮器等,都会给安全行车留下很多安全隐患。尤其是车灯是客车驾驶人夜间行车的眼睛,仪表盘传达的是行车数据,一定要保证所有车灯都处在完好的状态,出现异常就会导致安全隐患。

5. 夜间高速公路警示标示识别误区的危险源

客车驾驶人夜间不注意观察高速公路路旁设计的警告标示就是危险源。比如"此处是事故多发路段,请慢速行驶",如果客车驾驶人没有认真观察看到路边有这样的标识,盲目高速行车,一旦遇到险情,交通事故发生的可能性是非常大的。

6. 夜间行车中大型货车的危险源

大型货车白天由于受交通管制的限制,多是成群结队在交通枢纽级的公路行车,存在很多安全隐患,其一是长时间占道行驶,其二是大型货车驾驶人往往白天不能好好休息,晚上开车很容易犯困打瞌睡。在公路上多数大货车与大客车的交通事故都是晚上或者凌晨发生的(图 1-5-3)。

图 1-5-3　客车追尾

7. 夜间出现事故或故障的危险源

夜间在公路上发生交通事故或故障之后最忌讳的就是待在原地不动,这是非常典型的危险源。无论车辆发生多么严重的事故或故障,客车驾驶人由于好奇心减速或停车观望而导致的二次事故时有发生。为了避免二次事故的发生,客车驾驶人在发现其他车辆交通事故或故障时,一定要按照城市路面撤离到主路紧急行车带,高速公路撤离到最外层绿化带,及时疏散旅客到安全地带的方法等待事情的处理。

8.夜间在公路上扔东西的危险源

公路旁边的老百姓有时会在公路内捡丢弃在路边的塑料瓶子、易拉罐、废报纸等,如果此时被飞驰的客车刮倒或者撞倒,基本都是重伤甚至死亡。同时,丢弃的东西对后面跟进的车辆也是极大的安全隐患(图1-5-4)。

9.夜间不系安全带的危险源

一条看似简单的安全带,在关键时刻却起着重要作用。调查数据显示,在一次可能导致死亡的车祸中,安全带的作用可使车内人员生还的机会提高60%,在发生正面撞车时,如果系了安全带,可使死亡率减少57%,侧面撞车时减少死亡率44%,翻车时可使死亡率减少80%。可以说,客车的安全带就是乘客的生命带。乘客夜间不系安全带,在昏睡状态下一旦发生交通事故必然增大死伤率。

10.夜间接打电话的危险源

夜间客车驾驶人在驾驶过程中使用手机,大脑反应速度会变慢,发生车祸的风险比正常驾驶时要高4倍以上;拨打手机的客车驾驶人制动时反应速度要慢19%,拨打手机还会导致客车驾驶人驾驶过程中的路线扭曲,这种情况下,极易引发交通事故。

夜间高速行车时客车驾驶人最忌讳的就是车内乘客经常接打电话,声音过大会干扰客车驾驶人正常驾驶。在高速行车时客车驾驶人的精神都被路上的各种错综复杂的交通情况所吸引,因此这时如果车内乘客经常接打电话,声音过大可能会给客车驾驶人行车带来安全隐患(图1-5-5)。

图1-5-4 夜间在公路上扔东西

图1-5-5 驾车接打电话

案例情景

2014年9月24日9时30分,一辆载有38人的肇庆牌旅游大客车途经广三高速佛山南海狮岭段(西二环入口处)时,由于客车驾驶人在夜间行驶过程中打电话分神,与一辆粤A牌汽车发生碰撞侧翻,造成一人当场死亡,20多人受伤的交通事故。

案例分析

坐在大客车驾驶人身后的曾女士和哥哥曾先生投诉大客车驾驶人开车不专心:"从出发到发生车祸,大客车驾驶人一路要么打电话,要么跟旁边收银员聊天,一直没停。"这是诱发事故的根源。

二、特殊天气的不安全因素

特殊天气主要包括雨雪天气、大雾天气和高温天气等,特殊天气常常给安全行车带来很大的威胁。据统计,道路运输行业在雨、雪、雾等恶劣天气条件下发生的交通事故占总数的10%左右。在特殊天气行车,客车驾驶人应充分了解特殊天气的特点及其存在的风险。

(一)特殊气候的影响

在特殊气候下,客车驾驶人视线变差、路面附着系数变小、车辆难以控制,在这样的条件下高速行车,稍有疏忽,就可能导致交通事故的发生。

(二)雾是交通运输的大敌

雾实际上就是贴近的云层,近地面的空气达到饱和状态以后,水气凝结成小水滴,并增多到影响能见度时,就称之为雾。雾有浓、薄之分,当视距为150～300m时为薄雾,视距为50～150m时为浓雾,视距50m以下为特浓雾。一般情况下,雾多发生在当年的11月至第二年的3月份的秋、冬季节,山区、盆地空气不易流通,在春、秋季节雨天过后也时常有雾产生。

雾对行车安全构成很大的威胁,人们称雾是高速公路行车的"无情杀手",雾使能见度降低、驾驶人视距变短,妨碍驾驶人视觉,浓雾还容易使驾驶人产生错觉;同时因空气湿度大而引起的玻璃透视率下降和后视效果变差等现象,影响客车驾驶人的观察和判断。因此在高速公路行车非常危险,高速公路上雾天连续追尾撞车是世界性的难题(图1-5-6)。

图1-5-6 连续追尾撞车

案例情景

2011年11月1日,G2高速新泰段528km处上海方向大雾弥漫能见度不超过10m,十多辆汽车追尾相撞,事故现场长达500余米。现场的惨状非同一般,在长达近500m的路上,到处散落着车辆碎片及斑斑血迹,呼救声及呻吟声连成一片,被困人员的生命危在旦夕,时间就是生命,容不得多想,消防、交警、医疗救护及高速公路部门四方组成的现场指挥部迅速成立,消防官兵负责被困人员施救,交警部门负责现场警戒及事故处理,医疗救护部门负责伤者的救助,高速公路部门负责交通的疏导及控制。消防大队救援官兵克服受困人员多、战线长、救援困难等诸多不利因素,发扬消防铁军精神,凭借过硬本领,成功营救被困人员。

案例分析

大雾弥漫能见度低是危险源,许多驾驶人跟车距离近,采取措施不当是十多辆汽车追尾相撞的根源。

(三)雨、雪天行驶的危险源

雨天行车的道路状况比晴天天气要复杂,容易出现各种意外情况,存在许多安全隐患。

久旱初雨或蒙蒙细雨时,雨水和路面上的积土、油污、轮胎橡胶粉末混合在一起形成润滑剂,使路面状况变差;久雨或特大暴雨,会造成路肩松软,有的地段会出现塌方、路基塌陷以及路面积水等,存在许多危险源。其特征如下:

1. 视线产生影响

细雨易造成风窗玻璃挂满水珠,视线模糊,只能靠刮水器进行改善;大雨或暴雨时,风窗玻璃上形成溪水,有时靠刮水器也难以改善视线;刮水器片在雨中左右摆动,视线不良。

2. 驾驶人易疲劳

雨中行车,视线障碍较大,眼睛易疲乏,观察情况困难;长时间在雨中行车,身体易疲劳,精力消耗大,心理上会产生压抑感,对正确判断来往车辆和行人以及正确选择行车路线均带来极大的困难。

3. 行人行为混乱

阵雨、暴雨来临之际,往往是乌云笼罩,电闪雷鸣,狂风大作,尘埃飞扬,昏天黑地,视线不清,行人往往只顾埋头急奔,寻找避雨处,目标不一,方向不定;在蒙蒙细雨中的行人和骑车者,因头戴雨帽,致使视线、听觉都受到限制;一手握车把,一手拿伞者更是左右摇晃,对交通情况不易看清,易突然转向或滑倒,客车通过时急易引发交通事故(图1-5-7)。

4. 地面附着系数低

冬季雪地路面附着系数较低,车轮容易打滑,行车的危险性更大,行进中若车速过快,猛加速或减速时,驱动轮因突然加速或减速而打滑容易引发交通事故。

5. 行车和制动困难

在冰雪路上行驶(图1-5-8),行车间距应比无雪干燥路面时增大4~5倍,雪天地面的阻力很小,阻力只有干燥沥青路面的1/4,因而制动的非安全区大大增加,雪融化后再次结冰,路面更滑,行驶时车轮打滑,制动时更容易溜车,给汽车行驶和制动都带来困难。这些不利因素容易发生交通事故。

图1-5-7 雨、雪天行人行为混乱

图1-5-8 冰雪路上行驶

三、自然灾害的不安全因素

"自然灾害"是人类依赖的自然界中所发生的异常现象,自然灾害对人类社会所造成的危害往往是触目惊心的。它们之中既有地震、火山爆发、泥石流、海啸、台风、洪水等突发性灾害,也有地面沉降、土地沙漠化、干旱、海岸线变化等在较长时间中才能逐渐显现的渐变性灾害,还有臭氧层变化、水体污染、水土流失、酸雨等人类活动导致的环境灾害。

我国幅员辽阔,自然灾害频发。客车驾驶人需要了解一些自然灾害的特点及可能对安全驾驶造成的影响,正确应对自然灾害非常重要。

案例情景

2015 年 5 月 10 日晚 8 时许,昭通镇雄部分地区普降大雨,位于镇雄县城东面,与县城相距 57km 的鱼洞乡,因大雨引发特大洪灾。截至 5 月 11 日晚 8 时,灾害共造成 1 人遇难、2 人失踪、9 人受伤,其中 4 人重伤,3600 人紧急转移,478 间商铺毁损,冲倒房屋 4 户,冲毁 7 户,冲走机动车 129 辆、摩托 729 台、水泥 2350t、钢材 650t。鱼洞乡电力、通信中断,集镇街头一片狼藉,群众损失严重。

案例分析

此事故是连续多日暴雨引发泥石流,导致公路、商铺毁损和行驶中或停放的机动车、摩托车、仓库内的水泥和钢材被冲走的重大自然灾害。

(一)洪灾的不安全因素

洪灾是一种自然灾害,按照洪灾成因可以分为暴雨洪灾,冰凌、融雪洪灾,风暴潮灾害,溃坝灾害,山洪灾害,泥石流灾害 6 类。

1. 暴雨洪灾

当客车不得不从洪水路面通过时,这就意味着极大的危险源。除了汽车电路短路外,发动机还会大量进水,易导致发动机液压锁紧,使连杆、活塞甚至是机轴遭到破坏。如果水流湍急,那么客车还有可能被洪水冲走的危险(图 1-5-9)。

2. 冰凌、融雪洪灾

冰凌、融雪洪灾指由冰凌、融雪、洪水造成的灾害。江河流域内如有高寒积雪或结冰地区,当气温急剧上升时,积雪(冰)迅速大量融化,就会形成融雪(冰)洪水。如果同时再有降雨,就会形成雨雪混合洪水。当客车不得不在冰凌融雪路面通过时,这就意味着极大的安全隐患。

3. 风暴潮灾害

风暴潮灾害指由天文大潮、风暴潮、海啸,特别是台风暴潮造成的灾害。当客车不得不在风暴潮灾害的地段行驶时这就意味着毁灭性的灾难(图 1-5-10)。

图 1-5-9 暴雨洪灾

图 1-5-10 风暴潮灾害

4. 溃坝洪灾

溃坝洪灾指溃坝洪水造成的灾害。溃坝洪水指水坝或其他挡水建筑物突然崩溃,大量蓄水突然下泄而造成的洪水。其表现为堤防决口、冰坝溃决以及因崩山滑坡、冰川推进堵塞河道、毁坏公路。当客车不得不在溃坝洪灾的地段行驶时这就意味着非常大的安全隐患。

5. 山洪灾害

山洪是在山区沟谷中突降暴雨或因气温急剧上升大量积雪(冰)融化而形成的局部性洪水,常发生在地形陡峻岩石裸露的山区。由于成因不同,又可分为暴雨山洪、融雪山洪和雨雪混合山洪。当客车不得不在山洪灾害的地段行驶时这就意味着毁灭性的灾难。

6. 泥石流灾害

泥石流是在表层地质疏松、山坡岸壁容易崩塌和堆积物较多的山区,遇到暴雨或大量融化的冰雪而形成的局部性洪水。当客车不得不在泥石流灾害的地段行驶时同样意味着毁灭性的灾难。

(二)塌方的不安全因素

塌方是指山体、路面在自然力非人为的情况下,出现塌陷下坠的自然现象。多数是由于地层结构不良,雨水冲刷造成道路、堤坝等旁边的陡坡或坑道及隧道的顶部突然坍塌。当隐患发展到一定程度或遭遇极端天气时就有可能引发塌方事故。

案例情景

2013 年 7 月 9 日上午,江油市绵江公路(绵阳至江油)通口河老青莲大桥发生垮塌,有

多辆汽车和行人掉入河中。据不完全统计,自 2007 年算起,5 年来,全国共有 37 座桥梁垮塌,其中 13 座在建桥梁发生事故,共致使 182 人丧生,177 人受伤。平均每年有 7.4 座"夺命桥",即平均不到两个月就会有一起垮塌事故发生。

案例分析

经专家调查整理,尽管全国范围内,桥梁垮塌事故频发,事故原因却也出奇地集中,除杭州

钱江三桥塌陷事故承认"存在质量缺陷"外,其余桥梁垮塌的原因主要集中在车辆超载、洪水暴雨、年久失修、日常管护不到位等。

第六节　危险源的管控

一、危险源管控方法

危险源即危险的根源和源头,只有掌握对危险源管控的方法,对危险源进行分级,在道路运输管理过程中采取相应的措施,才能消除、控制危险源,避免事故的发生。因此,加强危险源管控是道路交通运输安全工作的出发点和落脚点,也是不断提升客运企业道路运输安全管理水平,为客运企业发展营造安全稳定环境的重要环节。

案例情景

2016 年 6 月 26 日 10 点 20 分左右,衡阳市蒸湘区辉村人刘××(男,41 岁,持 A1A2证),驾驶车牌号为湘 D943××的大型客车,由北往南行驶至宜凤高速北向南 34km 处,在下坡路段碰撞高速公路中间隔离带长达 100 多米,再撞向右边的东溪大桥护栏后,油箱漏油起火。事故已造成 35 人死亡,其中包括 2 名儿童;22 人被救出,其中 13 人受伤,4 人受伤较为严重。

案例分析

在这起事故中驾驶人刘××在油箱漏油起火后没有采取救援措施,弃车独自一人逃命,让 35 人被活活烧死。事故发生后驾驶人刘××已经被警方控制,等待驾驶人刘××的必将是受到法律的制裁。

危险源管控方法包括客车驾驶人的管理、车辆的管理、动态管理、运输组织、安全操作规程监督、安全管理制度的落实、安全隐患排查与治理、目标考核等。

(一)客车驾驶人的管理

1. 客运驾驶人聘用制度

道路旅客运输企业应当建立客运驾驶人聘用制度(图 1-6-1)。依照劳动合同法,严格规定客运驾驶人录用条件,统一录用程序,对客运驾驶人进行面试,审核客运驾驶人安全行车经历和从业资格条件,积极实施驾驶适宜性检测,明确新录用客运驾驶人的试用期。客运驾驶人的录用应当经过企业安全生产管理部门的审核,并录入企业动态监控平台(或监控端)。

对 3 年内发生道路交通事故致人死亡且负同等以上责任的,交通违法记分有满分记录的,以及有酒后驾驶、超员 20%、超速 50% 或 12 个月内有 3 次以上超速违法记录的驾驶人,客运输企业不得聘用其驾驶客运车辆。

2. 客运驾驶人岗前培训制度

岗前培训的主要内容包括:国家道路交通安全和安全生产相关法律法规、安全行车知识、典型交通事故案例警示教育、职业道德、安全告知知识、应急处置知识、企业有关安全运营管理的规定等。客运驾驶人岗前理论培训不少于 12 学时,实际驾驶操作不少于 30 学时,并要提前熟悉和了解客运车辆性能和客运线路情况。

3. 安全教育、培训及考核制度

道路旅客运输企业应当建立客运驾驶人安全教育、培训及考核制度。定期对客运驾驶人开展法律法规、典型交通事故案例警示、技能训练、应急处置等教育培训。

道路旅客运输企业应在客运驾驶人接受教育与培训后(图 1-6-2),对客运驾驶人教育与培训的效果进行考核。

图 1-6-1 聘用制度

图 1-6-2 安全教育

(二)车辆的管理

道路旅客运输企业应当加强车辆技术管理,确保营运车辆处于良好的技术状况,不得使用已达到报废标准、检测不合格、非法拼(改)装等不符合运行安全技术条件的客车以及其他不符合国家规定的车辆从事道路旅客运输经营。

道路旅客运输企业应当按照国家规定建立营运车辆技术档案,实行一车一档,实现车辆从购置到退出市场的全过程管理,应当逐步建立车辆技术信息化管理系统,完善营运车辆的技术管理。

(三)动态管理

图 1-6-3 动态管理

道路旅客运输企业应当按相关规定,为其营运客车安装符合标准的卫星定位装置(卧铺客车应安装符合标准且具有视频功能的卫星定位装置),接入符合标准的监控平台或监控端,并有效接入全国重点营运车辆联网联控系统。应当建立卫星定位装置及监控平台的安装、使用管理制度,建立动态监控工作台账,规范卫星定位装置及监控平台的安装、管理、使用工作,履行监控主体责任(图 1-6-3)。

（四）运输组织

道路旅客运输的主要特点是方便、迅速。客车是一种机动灵活的运输工具，凡道路通达的广大城乡都可用客车载运旅客，能在时间上和上下车地点上适应不同客流的变化，满足人们的旅行需要。组织道路旅客运输，首先要进行客流调查，掌握旅客流量、流向和流时，研究分析每条营运线路上的客流变化规律，然后据以编制客运班车班次表及行车时刻表，在预测客流量的基础上编制旅客运输量计划和车辆使用计划，并按月、旬、日编制汽车运行作业计划组织车辆运行。

（五）安全操作规程监督

道路旅客运输企业应当根据关键岗位的特点，分类制定客车驾驶人安全操作规程，并监督员工严格执行，推行安全操作标准化作业。应当制定客运驾驶人行车操作规程，客运驾驶人行车操作规程的内容应至少包括："出车前、行车中、收车后"的车辆技术状况检查、开车前向旅客的安全告知、高速公路及特殊路段行车注意事项、恶劣天气下的行车注意事项、夜间行车注意事项、应急驾驶操作程序、进出客运站注意事项等。

（六）安全管理制度的落实

道路旅客运输企业应当建立安全管理基础档案制度，明确安全生产管理资料的归档、查阅。应当建立安全生产奖惩制度，发生安全生产事故后，道路旅客运输企业应当立即采取有效措施，组织抢救，防止事故扩大，减少人员伤亡和财产损失。应当建立安全生产事故责任倒查制度，按照"事故原因不查清不放过、事故责任者得不到处理不放过、整改措施不落实不放过、教训不吸取不放过"的原则，对相关客车驾驶人进行严肃处理。

（七）安全隐患排查与治理

道路旅客运输企业应当建立事故隐患排查治理制度，依据相关法律法规及自身管理规定，对营运车辆、客运驾驶人、运输线路、运营过程等安全生产各要素和环节进行安全隐患排查，及时消除安全隐患。应根据安全生产的需要和特点，采用综合检查、专业检查、季节性检查、节假日检查、日常检查等方式进行隐患排查（图1-6-4）。

（八）目标考核

道路旅客运输企业应当根据相关管理部门的要求和自身实际情况，制定年度安全生产目标。安全生产目标应至少包括道路交通责任事故起数、死亡人数、受伤人数、财产损失、万车公里事故起数、万车公里伤亡人数等指标。应当建立对客车驾驶人安全生产年度考核与奖惩制度。针对年度目标，对各客车驾驶人进行安全绩效考核，通报考核结果。应根据安全生产年终考核结果，对客车驾驶人给予一定的奖惩。对全年无事故、无交通违法记录、无旅客投诉的文明安全驾驶客车驾驶人予以表彰奖励。对全年发生交通事故、有交通违法记录、有旅客投诉的不文明安全客车驾驶人予以惩处。

二、危险源管控的责任

危险源管控(图1-6-5)可以按照风险等级进行管控,危险源的风险级别可分为一般危险源和重大危险源。一般危险源管控通过安全学习、岗前教育、宣传培训等方式来提高全体人员的安全生产意识和安全防范能力。重大危险源必须制定有针对性的管控领导小组、防范措施、应急预案、保障方案等,必须做到"五个落实":教育培训到位、健全防范制度、落实应急措施、责任明确、保障及时。

图1-6-4　安全隐患排查

图1-6-5　危险源管控

(一)企业安全生产责任体系五落实规定

(1)必须落实"党政同责"要求,董事长、党组织书记、总经理对本企业安全生产工作共同承担领导责任。

(2)必须落实安全生产"一岗双责",所有领导班子成员对分管范围内安全生产工作承担相应职责。

(3)必须落实安全生产组织领导机构,成立安全生产委员会,由董事长或总经理担任主任。

(4)必须落实安全管理力量,依法设置安全生产管理机构,配齐注册安全工程师等专业安全管理人员。

(5)必须落实安全生产报告制度,定期向董事会、业绩考核部门报告安全生产情况,并向社会公示(图1-6-6)。

(二)企业安全生产责任体系五到位规定

图1-6-6　五落实五到位

(1)安全责任到位。
(2)安全投入到位。
(3)安全培训到位。
(4)安全管理到位。
(5)应急救援到位。

(三)一般危险源的管控责任

1.落实一般危险源管控责任

一般危险源管控由道路运输安全管理部门

负责。根据道路旅客运输交通事故特征和原因分析,查找交通事故隐患。

查找交通事故隐患时主要查找道路旅客运输中容易产生运营客车的技术状况、交通违法行为隐患的要素环节。运营车辆的技术状况包括制动系、转向系、行驶系、轮胎、燃料供给系专用装置是否符合安全技术标准以及安全设施设备是否齐全有效等。客车驾驶人的交通违法行为包括超速行驶、操作不当、客车超员、违法占道行驶、疲劳驾驶、违法超车、制动不当、酒后驾驶、未按规定让行、驾驶人接打手机、驾驶人捡拾物品、违法占用紧急车道行驶、驾驶证与所驾车型不符等。

2.一般危险源管控责任的具体措施

一般危险源的管控措施主要是加强运营客车的技术状况及规章制度的检查落实和运营客车驾驶人的安全教育与培训,提高客车驾驶人的安全行车、尊重守法意识增强的自觉性,预防和减少运营客车技术状况不良和客运驾驶人的交通违法行为。

(四)重大危险源管控责任

1.落实重大危险源管控责任

重大危险源的管控由客运企业董事长(总经理)负责。根据道路旅客运输重特大交通事故特征和原因分析,查找重特大交通事故隐患(图1-6-7)。

2.重大危险源管控责任的具体措施

主要根据近几年来在一定的时间段内,发生的交通事故数量或者特征与该道路其他正常位置相比明显突出的某些地点或者路段,山岭重丘区公路的急弯、陡坡、临水、临崖、临岩等危险点段以及由于自然灾害等原因造成公路损毁、难以保证车辆正常通行、危及行车安全的某一地点和某一路段所发生的重特大交通事故案例,由客运企业董事长(总经理)、分管安全的副总经理组成督查小组,确定督查人员进行场地实际道路考

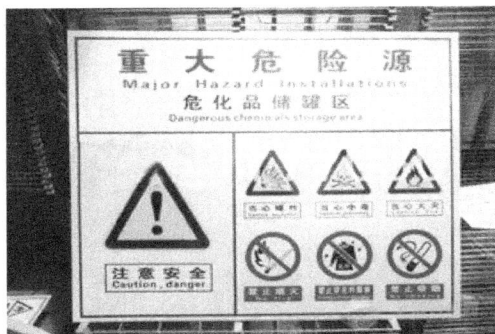

图1-6-7 重大危险源

察、典型事故案例科学分析研究,加强重大危险源的监督管理,预防和减少重特大交通安全事故,保障人民群众生命和财产安全。

(五)建立健全重大危险源安全管理制度

交通运输生产经营单位应建立健全重大危险源安全管理制度,制订重大危险源安全管理技术措施。

(1)应按照国家相关法律、法规和标准规定制定并及时完善重大危险源事故应急预案;应成立专(兼)职应急管理机构,配备专(兼)职应急管理人员,并配备必要的应急救援器材、设备,并进行经常性维护、保养,保证正常运转。

(2)应针对重大危险源每年至少开展一次综合应急演练(图1-6-8)或专项应急演练,半年至少开展一次现场处置方案演练。

(3)应根据客运企业特点成立专(兼)职的应急救援队伍;应对涉及重大危险源的客运

图1-6-8 应急演练

驾驶人进行应急管理培训,使其全面掌握本岗位的安全操作技能和在紧急情况下应当采取的应急措施。

(4)应将重大危险源可能发生事故的后果及应急措施等信息告知可能受影响的客运驾驶人。

(5)应在重大危险源现场设置明显的安全警示标志;应根据重大危险源的等级,建立健全相应的以视频监控、数据远传等为手段的安全监控系统或安全监控设施,保证重大危险源安全管理技术措施的落实。

(6)应依据国家相关规定对重大危险源进行定期的检测,并做好检测、检验记录。

(7)应对重大危险源及其周边环境开展隐患排查,及时采取措施消除隐患;其客运企业总经理应保证重大危险源安全管理所需资金的投入。

三、危险源管控在客运安全管理中的应用

(一)从源头抓起,预防安全事故

防止事故发生、实现安全管理是客运企业追求的永恒主题,因此,客运企业首先必须从思想上高度重视安全生产,从源头建立起长效的安全管理机制,对客车驾驶人进行安全技术知识辅导培训,确保每个客车驾驶人对安全生产有足够的认识,时时刻刻都将安全放在首位。

(二)安全思想是安全生产的先导

安全的思想是安全行动的指南。因此,构筑坚固的"安全思想防线"是实行安全管理的关键。

(1)组织一系列安全生产法律法规和安全专业知识培训,对客车驾驶人进行安全教育,提高客车驾驶人的安全素质,使大家进一步增强对安全工作重要性的认识,明确安全生产过程中各个环节防范的重点、要点,让全体员工正确理解安全文化建设的内涵,真正掌握其精髓。

(2)通过组织客运驾驶人培训,对客运驾驶人开展有关客运安全方面的法律法规知识竞赛,通过竞赛达到客运驾驶人自觉学习的目的。

(三)抓动态管理,实施科学化管理,构筑安全防线

在日常安全管理工作中,坚持"安全第一、预防为主、综合治理"的方针,树立"以人为本"的安全文化理念,让客运驾驶人真正懂得驾驶必须安全,安全促进驾驶的道理。

(1)通过学习借鉴事故隐患查找隐患。对照同行客运企业典型交通事故案例,举一反三,自我剖析,查找本客运企业类似的事故隐患。

（2）通过关注异常事故分析查找事故隐患。只有通过关注并控制小事故、未遂事故及异常事故，才能更好地实现事故的管理，通过对异常事故的调查分析来查找事故隐患（图1-6-9），以小见大，才能避免类似事故的发生。

（3）通过强化危险源动态管理查找事故隐患。危险源也是一种事故隐患，定期组织客运驾驶人开展在驾驶岗位上识别道路运输中的危险源活动，将辨识出的危险源进行归纳整理，并进行分析评估，制订相应的防范措施或事故预案，并对客运驾驶人进行培训教育，通过客运驾驶人风险辨识水平。

（4）通过开展事故未发生事件征集活动查找事故隐患。发动客运驾驶人开展驾驶岗位事故危险预知预想分析活动，查找分析本驾驶岗位的未遂事件，查找管理上、设备上、规范上、流程上存在的缺陷或隐患，并提出自我防范设想，将事故预防落实到客运驾驶人的实际驾驶过程中。

（5）通过开展现场安全检查查找事故隐患。经常性地开展全方位、全天候、多层次的现场安全检查（图1-6-10）、专项检查、专业检查，以便及早发现事故隐患。

图1-6-9　查找事故隐患

图1-6-10　现场安全检查

（6）通过开展安全评价与评估查找事故隐患。可委托评价单位采用定性、定量的安全评价方法，进行客运企业道路运输安全评价；也可以根据客运企业道路运输实际情况定期组织进行分析评价，找出可能产生的事故隐患，提出防范对策措施。

总之，建立长效的安全督查机制，要求安全检查常态化、制度化，让客运驾驶人意识到线路天天有人检查，天天有人管理，达到群防群管的目的，做到"人人制止违章，个个遵守规范"。

安全管控是一个系统的过程，客运企业的安全状况关系到客运企业的方方面面，单纯地依靠各级管理人员抓安全、依靠部分安全员来推进安全，难以确保各岗位长期保持良好的安全状态。只有依靠全体客运驾驶人的共同努力，发挥团队管理力量，才能真正建立长效安全机制，确保生产安全的长期稳定。

第二章 道路运输防御性驾驶 与不安全驾驶习惯纠正

教学目标

　　结合典型案例掌握道路旅客运输防御性驾驶方法;掌握常见的不安全驾驶行为及其产生的主要原因,纠正不安全驾驶的习惯。

第一节 我国机动车驾驶人整体素质现状

一、我国机动车和驾驶人的发展状况

　　截至 2016 年年底,全国机动车保有量达 2.9 亿辆,其中汽车 1.94 亿辆(图 2-1-1);机动车驾驶人达 3.6 亿人,其中汽车驾驶人 3.1 亿。

图 2-1-1　机动车发展状况

　　目前,全国有 42 个城市的汽车保有量超过百万辆,北京、成都、深圳、重庆、上海、苏州、天津、郑州、西安、杭州、广州、武汉、石家庄、南京、青岛 15 个城市汽车保有量超过 200 万辆。我国驾驶人数量位居世界第一。每年有三千多万人考领驾驶证,预计未来五年还将新增 1.5 亿驾驶人,到 2020 年全国驾驶人将达到 4.7 亿。

　　截至 2014 年年底,我国民用机动车保有量已达 2.64 亿辆,其中汽车 1.54 亿辆,汽车数量仅次于美国居世界第二位。我国汽车保有量已占世界汽车总量的 15%。

　　据统计,2003 年全国驾驶人数量达到 1 亿人,2010 年快速增加到 2 亿,2015 年 11 月突破 3 亿大关,实现第三个"1 亿"仅用了 4 年时间。截至目前,我国驾驶人总量占全国总人口的 22%,占适龄驾驶人(18 ~ 70 周岁)的 30%,全国每 5 个人或每 3 个适龄驾驶人中就有 1 人拥有机动车驾驶证。

　　同时,我国女性驾驶人比例快速提高。10 年来,全国女性小汽车驾驶人从 300 万人增加到 6059 万人,增加了 20 多倍,而同期男性小汽车驾驶人仅增长了 7.4 倍。此外,我国驾驶人年龄跨度不断增大。10 年来,51 ~ 60 岁年龄段的小汽车驾驶人增长速度最快,60 岁以上老年驾驶人从 10 万人增长到 393 万人,增长 39 倍多。

截至 2015 年年底, 我国公路客运车辆为 640966 辆, 公交客运车辆为 579312 辆, 旅游客运车辆为 106123 辆, 公路客运车辆、公交客运车辆、旅游客运车辆已经成为老百姓安全出行的主要交通工具(图 2-1-2)。

我国"跑步"进入了汽车社会, 但汽车文化的积淀和汽车文明的养成严重缺位, 交通参与者特别是驾驶人的交通违法行为和交通陋习十分普遍。由此引发的交通事故比比皆是, 数不胜数。

图 2-1-2　客运车辆状况

二、大客车驾驶人队伍状况

(一)大客车驾驶人队伍缺口较大

从云南省道路运输管理局 2015 年统计的数据得知, 云南省有 4.93 万辆营运大中型客车, 按 1 车 3 人计算, 约需 15 万名大中型客车驾驶人, 而实际仅有 14.75 万人。此外, 还有部分持有从业资格证的客车驾驶人并未从事驾驶工作, 因此实际缺口更大。

(二)新增大客车驾驶人素质偏低

自《中华人民共和国道路交通安全法》颁布实施 12 年来, 由于职业与非职业驾驶人培训的混淆, 大客车驾驶人培训内容的严重缩水, 培训质量偏低, 直接影响到大客车驾驶人队伍的整体素质, 加之培训人数不足, 利用率降低, 出现了明显的青黄不接, 导致客运企业适用性人才难求的被动局面等。这些都可能直接影响客运安全。

在这样的背景下, 根据交通运输部办公厅、教育部办公厅、公安部办公厅、人力资源社会保障部办公厅联合颁布的《关于开展大客车驾驶人职业教育试点工作的通知》(厅运字〔2014〕100 号), 云南省、江苏省、安徽省、浙江省四所交通技师学院自 2014 年至今试点开设了应、往届高中毕业生学制三年的大型客车驾驶人职业教育。旨在逐步解决大客车职业驾驶人素质不高、青黄不接的被动局面。通过系统的职业教育让每一名学生牢固掌握大客车职业驾驶人需要必备的知识, 在今后驾驶车辆的过程中最大限度地保护自己和他人的安全。大客车驾驶人熟练掌握防御性驾驶技巧就是最有效的方法之一。

第二节　防御性驾驶通则

一、防御性驾驶简介

1952 年, 美国人哈罗德·史密斯创办了全美第一个专业驾驶人培训公司, 开发了《防御性驾驶培训》课程。该课程核心为:良好的驾驶习惯可以防止车辆碰撞事故的发生。

全世界总共有数以百万计的驾驶人从《防御性驾驶培训》课程中受益。现在, 每年有 2

万多名驾驶人参加《防御性驾驶培训》课程。该课程已被译成 24 种语言,在世界上 54 个国家推广应用。目前世界 500 强中 80% 以上公司的车队驾驶人接受该课程的培训,得到了世界范围的认可(图 2-2-1)。

1. "防御性驾驶"源自驾驶实际

"防御性驾驶"是将观察环境、预测险情、提前预防、严守规程、距离安全和车速安全等进行科学运用的安全驾驶体系,是对现行交通法规的全面诠释和拓展。现行交通法规中对会车、超车、通过人行横道等所做的明确的避让规定就是"防御性驾驶"的概念,只不过现行交通法规是"要我这样做",而"防御性驾驶"是"我要这样做"。

2. "防御性驾驶"就如同日常保健

衡量一个驾驶人是否成熟和优秀,不是看他的操作有多潇洒、漂亮,也不是看他处理紧急情况时有多果断、准确,而是要看他是否善于采取预见性驾驶措施,是否能有效让一些时空的交会、交叉险情得以规避,且少用甚至不用喇叭、制动等。道理很简单,就如同人们是主动进行日常锻炼,强身健体,不生病;还是不注意日常锻炼,生了病后打针、吃药或到医院找专家动手术呢?答案是肯定的,没有人选择后者。"防御性驾驶"不仅有利于交通安全,而且可以提升驾驶人修养(图 2-2-2)。

图 2-2-1 防御性驾驶培训课程

图 2-2-2 提升驾驶人修养

3. "防御性驾驶"要求驾驶人养成主动适应交通环境的良好驾驶习惯

个人力量很难改变大环境、大气候,但聪明之人是主动选择适应。同样,作为驾驶人在面对瞬息万变的交通环境时也应学会主动顺应。道路交通事故之所以发生,有时空的巧合,但偶然之中有其必然性,归纳起来主要与三个因素有关:

(1)可预见性低。

(2)可避免性低。

(3)有意识性低,过失性高。

如果一辆车同时包括这三个因素的成分越多,就越可能诱发、导致一起交通事故。因此,可以通过提升预先判断行驶过程中潜在危险点的能力,培养"防御性驾驶"的观念、习惯,来减除"可预见性低"这一事故因素;通过观察清楚、安全车速、安全距离、规范预防来减除"可避免性低"这一事故因素;通过严格遵守交通法规、操作规程来减除"有意识性低,过失性高"这一事故因素。

分析交通事故(图 2-2-3)案例,真正是由于"防御性驾驶技术"因素造成的不是很多,大多数都是由于驾驶人安全意识淡薄所造成的。交通安全意识的提高,单靠交通安全宣传教育和培训,或上几次安全课,是远远不够的,充其量只能做到入耳、入目,效果差,必须另辟蹊径,改变思路,转变观念,应在总结交通事故原因和吸取教训的基础上,倡导"防御性驾驶",变强化教育、强制要求为自觉行动、自愿执行,方能使驾驶人真正将安全驾驶做到入脑、入心、入行。

4.防御性驾驶的内容

(1)上岗培训:职业驾驶人在上岗前都要经过防御性驾驶培训。

(2)进行评估:进行防御性驾驶的评估。

(3)持续教育:每隔三年还要做一次加强培训。

二、防御性驾驶的定义和好处

(一)防御性驾驶的定义

防御性驾驶,顾名思义是在驾驶时采取自我防御措施,避免或减少非主观原因对自己造成的伤害。它是预测危险,远离危险的一种驾驶技术,也是一种哲学思想。由看、听的察觉,进一步认知及预测可能发生的情况,进而预先采取相应的措施,预防因为别人的失误或者因为环境的因素而造成的可以避免的意外事故(图2-2-4)。

图2-2-3 交通事故

图2-2-4 可以避免的意外事故

(二)防御性驾驶的好处

(1)降低卷入交通事故的概率。

(2)降低油耗及车辆日常维修费用。

(3)减少保险索赔,降低保费支出。

(4)减少驾驶带来的焦虑和疲劳。

(5)提高工作效率和车辆利用率,树立良好的客运企业形象。

三、防御性驾驶的核心

(一)防御性驾驶的核心理念

防御性驾驶的核心是安全驾驶意识、安全驾驶习惯、不主动造成事故(图2-2-5)、不被动涉及事故。

图 2-2-5　主动造成的事故

（二）如何掌握防御性驾驶的核心理念

要具备防御性驾驶的核心理念,就要提高客车驾驶人法律观念和安全意识。做一名合格的客车驾驶人,必须接受正规的防御性安全驾驶技术培训,牢固地掌握交通法规、驾驶理论和实践技能、天气情况、道路变化,为行车安全打下良好基础。学会驾驶技术容易,驾驶好客车难,驾车无事故就更难。平时要虚心学习防御性安全驾驶技术,经常总结成功的防御性安全驾驶经验,做到既会驾车,又懂得如何熟练掌握防御性安全驾驶技术的内涵。

四、防御性驾驶的目的和意义

（一）防御性驾驶的目的

纠正不良驾驶习惯;强化安全及防御性驾驶意识;提升操控车辆能力;掌握不同路况、气候条件下的安全驾驶要领;增强应急处理措施和能力。

（二）防御性驾驶的意义

(1)提高对驾驶责任感的认识。

(2)减少家庭悲剧及纠纷。

(3)安全地享受驾驶乐趣。

(4)建立行车安全与人车和谐环境的基础。

(5)降低卷入交通事故的概率。

(6)降低油耗及车辆日常维修费用。

(7)减少保险索赔,降低保费支出。

(8)减少驾驶带来的焦虑和疲劳。

(9)提高工作效率和车辆利用率。

(10)树立良好的驾驶形象。

（三）"防御性驾驶技术"的真谛

(1)"防御性驾驶技术"的真谛就是"礼让"。"防御",单从字面上理解是"守"势,不是"攻"势,看起来好像平庸、软弱、无能,其实不然,是真正的智者所为。人命关天,安全高于一切!退一步,海阔天空;退,是为了更好地进。

(2)"防御性驾驶技术"正是秉承和发扬了这些富有人生哲理的至理名言,核心就是"预防",真谛就是"礼让"(图 2-2-6),这个"让"字,不是消极等待,是聪明避让,是"思想重视、心理戒备、精力充沛、准备充分、判断准确、风险预留、措施提前"的聚积。

（3）"防御性驾驶技术"讲起来容易做起来不易,是客车驾驶人的崇高境界,是现实中很多客车驾驶人尚未具备的。如果每个客车驾驶人都有这一理念,从我做起,持之以恒,形成氛围,那么整个交通环境将会大大改善,交通事故引发的人间悲剧将会大大减少,人们的幸福指数将会大大提升。

图 2-2-6　"礼让"

五、防御性驾驶行车前的检查

（一）防御性驾驶行车前自检的目的

例行检查与维护是每个客车驾驶人不可缺少的日常工作,也是防御性驾驶技术的要求和避免事故隐患的关键。根据许许多多的经验和教训,凡发生交通事故的客车驾驶人,除因客车驾驶人的驾驶技术水平及责任心差外,还因例行检查与维护不到位,或者思想麻痹,懒惰。客车驾驶人不但要有驾好车的本领,更重要的就是要做好客车的管、用、养、检、修工作,切实做到把事故的隐患消灭在萌芽状态。

1. 客车驾驶人行车前的预防性自检

客车驾驶人行车前的预防性自检,通常被称为车辆操纵装置使用规范和驾驶基础操作动作规范,由车辆安全自检、上车动作、下车动作、驾驶室内自检、正确的驾驶姿势五大操作动作所组成。

2. 车辆安全自检要求

要养成安全和规范的检视习惯,上车之前应逆时针绕车环视一周,从上至下,从后至前,从右至左,由里至外对车辆进行安全方位的检视,确保安全。

3. 出车前自检要求

出车前首先要对车辆外观、发动机舱、驾驶工位及客舱进行检视,然后起动发动机,对各仪表、报警装置、发动机运转情况进行检视,发现问题或者故障,及时解决和排除。

4. 行车中、收车后自检要求

行车中、收车后要根据不同的车型对车辆外部及安全部位进行检视,检视的顺序为车辆左中后部、后部、右中后部、前部,发现问题或者故障及时解决和排除。

5. 例行自检

（1）自检"二水":冷却液,风窗清洗液。

（2）自检"三油":汽柴油,机油,液压油。

（3）自检灯光:远近灯,制动灯,转向灯（雾灯）。

（4）自检装备:灭火器、备胎、安全锤等。

（5）自检装载:有无超员等。

（二）环车自检的目的和内容

1. 环车自检的目的

使驾驶人能够理论联系实际,加强形象记忆,养成在出车前、行驶中、收车后掌握车辆安全技术状况的良好习惯。

2. 环车自检的内容

（1）从车后部开始检视（图 2-2-7），后风窗玻璃清洁、完好、无裂纹、无破损。

（2）后号牌清晰、紧固、完好、有效。

（3）右后尾灯装置齐全、完好、无破损。

（4）下蹲检查备胎支架安装牢固，消声器紧固。

（5）按逆时针方向继续检视，右侧车窗玻璃安好、无裂纹、无破损。

（6）右后轮胎气压正常、螺栓齐全紧固、"主、边"胎无夹石、胎面清洁。

（7）行李舱关好、油箱盖关好、无渗漏。

（8）乘客门开启。

（9）右前轮胎气压正常（图 2-2-8），螺栓齐全紧固，胎面清洁。

图 2-2-7 从后部开始检视

图 2-2-8 检查右前轮胎气压

（10）右前后视镜及下视镜清洁、紧固、外观无破损。

（11）前风窗玻璃清洁、安好、无破损。

（12）雨刮器安装牢固。

（13）右前照灯装置完好，紧固，外观无破损。

（14）前号牌清晰、紧固、完好、有效。

（15）左前照灯装置完好，紧固，外观无破损。

（16）左前后视镜、下视镜清洁、紧固在、外观无破损。

（17）下蹲检查三漏（漏水、漏油、漏气）现象（图 2-2-9），转向机械正常（横、直拉杆球头不碰擦、不松脱）。

（18）持立正姿势、站立左前保险杆（左前照灯位置）与左侧车体平行，向左右侧头进行安全确认，确认安全后继续自检。

（19）左前门关好。

（20）左侧车窗玻璃清洁、完好、无破损。

（21）左前轮胎气压正常、螺栓齐全、紧固、"主、边"胎无夹石、胎面清洁。

（22）行李舱关好。

（23）左后轮轮胎气压正常（图 2-2-10）、螺栓齐全、紧固、"主、边"胎无夹石、胎面清洁。

（24）左后尾灯装置齐全、完好、无破损。

（25）在确保安全的前提下，顺时针方向返至左前车门位置。

（26）按照规范上车动作上车。

图 2-2-9　检查三漏

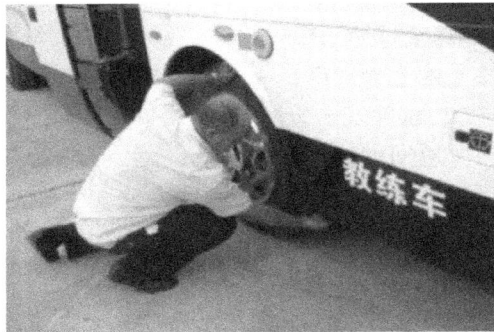

图 2-2-10　检查左后轮轮胎气压

（三）正确的上车动作

（1）打开车门前的安全确认：左右侧头观察，确认前后无来车。

（2）上车：身体距驾驶室门 45cm 左右，用左手开启驾驶室门后，顺势抓握住驾驶门内侧扶手，右脚踏入脚踏位，右手握住转向盘左盘缘，顺势引体向上，进入驾驶室并坐在驾驶室工位。

（3）关车门：左手轻关车门至四分之三处稍用力将车门关闭后顺势反推车门，确认车门完全关闭。

（4）锁车门：车门关好后，务必从里面锁好车门，不同车型锁车门的方法各异。

（四）规范的下车动作

（1）安全确认：通过左、中、右后视镜观察前后交通情况，做好下车准备。

（2）确认安全后，先打开乘客门，再用左手打开驾驶室车门，并顺势握住车门内侧扶手，右手扶住转向盘左盘缘，侧身转体，先迈出右脚并踏在脚踏板位置上，左脚落地同时放松右手，右脚顺势落地，左脚向后退一步，收右脚站稳。

（3）关车门：身体距驾驶室门 45cm 左右，用左手先将车门关至四分之三处，再稍用力将车门关好。

（4）锁车门：用钥匙锁门或者遥控器将门锁好后再离开。

（五）驾驶室内自检

1. 调整座椅和头枕

（1）调整座椅：用右手握住转向盘，左手控制座位调节手柄，前后滑动调整到能将离合器踏板和行车制动踏板轻松踏到底的位置。

（2）调整头枕（图 2-2-11）：右手握住转向盘抬高调整手柄，利用腰部和脚部之力进行调整,将头枕调整到合适位置(头枕是为了保护颈部的,调整到能支撑自己头部的高度)。抬高调整手柄,利用后背进行调整。

2. 系解安全带

(1)系安全带时,将安全带慢慢平顺拉出,使安全带位于肩与颈根部之间,通过胸部适当位置,将搭口插头插入插座,当听到"喀"的一声为止。若系安全带不正确,一旦发生意外事故就不能充分发挥自身安全保护作用。

(2)解除安全带时,用左手握安全带,用右手拇指按下锁扣将其摘下(图2-2-12),左手慢慢将其放回去,注意不要马上松手,防止金属扣弹回打碎玻璃或者打伤自己。

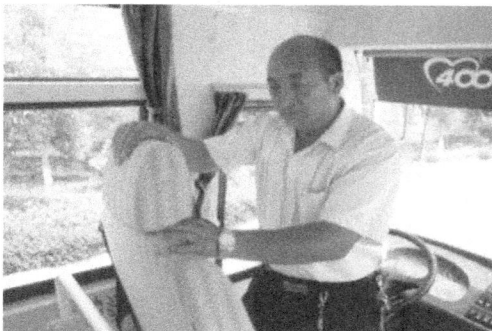

图2-2-11 调整头枕

图2-2-12 解安全带

3. 自检转向盘

正确的方法是:左手的食指、拇指握紧转向盘盘缘,向左或右转动至有阻力,右手拇指以转向盘较近位置作为基点,左手再从相反方向转动转向盘至有阻力(右手拇指不动,转向盘在拇指下滑动),此时转向盘变动位置所产生的夹角就是转向盘的自由行程,正常为10°～15°,最大转动量不超过30°(图2-2-13)。

图2-2-13 自检转向盘

4. 自检离合器踏板和变速杆

正确的方法是:左脚踏离合器踏板至有阻力,自由行程20～50mm,再往下踏至驾驶室底板,使其完全分离,右手操纵变速器杆,挡位进出自如,将变速器操纵杆移入空挡位置。

5. 自检行车制动器和驻车制动器

正确的方法是:先轻踏行车制动器踏板至有阻力,自由行程10～15mm,再往下踏至有效行程,制动踏板无继续下沉和漏气现象,放松驻车制动器操纵杆手柄,车辆无前后溜动,行车制动器有效;拉起驻车制动器操纵杆手柄,再放松行车制动器踏板,车辆无前后溜动,驻车制动器有效。

6. 检查发动机的起动

起动发动机,发动机起动后要及时放松开关钥匙,听察发动机有无异响、异味,随即缓缓松起离合器踏板。

7. 加速踏板的操作

操纵加速踏板时,将右脚脚跟置于地面,稍向右正对踏板;以右脚跟为支点,脚掌轻轻用力向下踩踏;加速踏板回位要领为:脚跟不动,将脚自然地抬起。

8. 起动发动机

打开点火开关(钥匙处于 OFF 为关闭位置,ON 为打开位置),踩下离合器踏板,将变速器杆置于空挡位置(自动挡于 P 挡),将点火开关转到 START 位置,发动机起动,立即松开点火开关。若一次未能起动发动机,再次起动时须间隔30s 以上(图2-2-14)。

冬天气温较低时发动机起动后,可怠速运转约3min 进行预热,使发动机达到正常工作温度。

9. 检视各仪表

(1)观察各仪表工作读数(根据不同车型,应从左至右,从上至下检视,见图2-2-15)。

图2-2-14　起动发动机

图2-2-15　检视各仪表

(2)电流表:指针指向正极或指示灯熄灭,表示充电;指针指向负极,表示放电。

(3)机油压力表:指示灯熄灭其工作正常(机油压力值为 3 ~4kg/cm^2)。

(4)水温表:起步温度在50℃以上(正常工作温度为 85 ~95℃)。

(5)储油表:表面上有若干刻度,指针越指向右刻度则储油量越多,指针指向左刻度红线为储油少或无油。

10. 检查灯光

开启左、右转向灯、远近光灯、示宽灯、防雾灯、危险报警灯闪光灯等,检视灯光是否正常有效。

11. 检视刮水器

开启刮水器开关,检视刮水器工作情况是否正常。

12. 检查遮阳板

遮阳板安装应牢固、有效。

13. 调整后视镜

(1)调整左、中、右后视镜时,保持正确驾驶姿势,面向正前方,左或右手握后视镜边缘调整到转动眼睛时便可看到车左、右及后部的情况为宜。

(2)用右手调视中后视镜,手不要碰到镜面上,用左手调视左后视镜,右手调视右后视镜。

(3)安装左、右后视镜自控调视器的用左手调视左、右后视镜(图 2-2-16)。

14. 检视喇叭

喇叭及特种车辆警报器等音响信号装置,其使用规范以安全法规的规定为准;右手鸣喇叭,声响应正常。

15. 停熄发动机

先松开加速踏板,踩住制动器踏板,将变速器杆置于 1 挡或倒挡位置(自动挡于 P 挡)将钥匙转到"OFF"位置,发动机熄火。当钥匙转动困难时,这不是故障,而是由于转向盘自锁装置的作用。只要一边轻轻晃动转向盘,一边转动钥匙即可拔下;对于自动挡的汽车,变速器挡位不在"P 挡"位置,钥匙取不下来。

六、正确的驾驶姿势

(1)正确的驾驶姿势(图 2-2-17)有利于驾驶人自如地运用各操纵机件,观察仪表和车辆周围情况,并可减轻驾驶人的疲劳强度,使驾驶操纵灵活、舒适、敏捷、安全。

图 2-2-16 调整后视镜   图 2-2-17 正确的驾驶姿势

(2)身体对正转向盘,左手握住时钟位置的九至十时之间,右手握住时钟位置的三至四时之间,头部端正,两眼平视前方。

(3)肘部微弯曲左、右膝盖微弯曲,能够轻松自如地踩离合器踏板、行车制动器踏板和加速踏板。坐到座位上,胸部略挺,腰部、臀部轻靠在靠背上,两膝自然分开。

七、防御性起步和行驶

(1)防御性起步前的乘客告知。

①各位旅客请在座位上坐好,系好安全带。

②车辆在起步前请拉好、扶好,在行驶过程中头手不要伸出窗外,车辆停稳后方能下车。

③带小孩的乘客请照管好自己的小孩,下车时请带好自己的行李。

(2)起动发动机、要注意起动发动机时,应将变速操纵杆置于空挡(自动挡汽车的"P"挡)位置,发动机起动后,应及时松开起动开关。

(3)观察车辆左、右特别是左后方的交通情况、开转向灯、挂起步挡、鸣号、放松驻车制动操纵杆手柄。此程序可简称为:观、灯、挡、号、观、刹。

客车驾驶人在出行前,要做好以上项目的预防检查,发现车辆状况存在隐患以及乘车人员未系好安全带等情况,不能起动车辆,待整改后方可起动。起步前应环视汽车周围、上下情况,确保安全起步及行驶车道畅通,无障碍,无风险。

客车驾驶人行驶中要眼观六路耳听八方(图2-2-18);驾驶大客车要做到"前后不碰、左右不擦、上下不挂",确保安全。

八、客车驾驶人九大防御性驾驶技巧

(一)防御性驾驶技巧的定义

驾驶人在驾驶过程中,能够准确地"预见"由其他驾驶人、行人、不良气候或路况而引发的危险,并能及时地采取必要的、合理的、有效的措施防止事故发生,这种可避免危险发生的驾驶方式称为防御性驾驶技巧。

图 2-2-18　眼观六路耳听八方

(二)防御性驾驶的九大技巧

1. 放眼远方

驾驶人的视野是安全行驶的重要保障。一般驾驶员只有 3 ~ 6s 的观望距离。要延伸观望距离达到 15s 以上,才能确保行车安全(图2-2-19)。

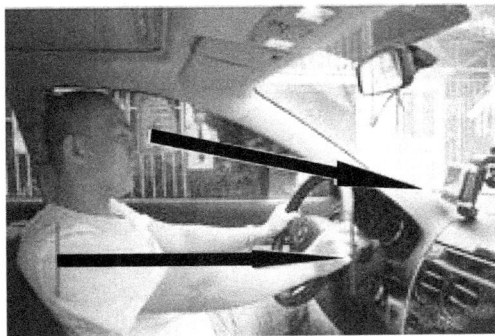

图 2-2-19　放眼远方

(1)客车驾驶人的视线(眼睛)是安全行驶的首要保障。

客车驾驶人视力差别和观察技巧差别关系到行车安全。客车驾驶人的三大感觉即车体感觉、道路感觉、车速感觉完全靠眼睛。例如,客车驾驶人雾天行车过程中如果侧头与旁边的副驾驶人、乘客交谈都会对眼睛的放眼远方带来不利的影响。

(2)保持眼部持续的运动。

客车驾驶人眼部应当不停地活动,扫视前方路面,从自己跟前的车辆到视力所及的最远处都要看,还要通过后视镜扫视后面和后面两侧的情况,避免只注意一件东西或只看一个方向。人的眼睛盯着一个危险源的时候,也许还有其他多种危险近在眼前,这些危险发生时,你可能根本都没有注意到。辨别出一种危险后,应该定期地回头再查看,不能忽视路面整体的情况。

(3)利用周边视力来检查车辆两侧的情况。

行人或动物极有可能在客车驾驶人不经意时横跨路面,儿童经常会从车辆后面猛地蹿出来,因此接近车辆时要注意行人(特别是儿童)或动物的迹象。

(4)掌握好观望时间。

客车驾驶人在正常行驶情况下一般只有 3 ~ 6s 的观望时间。客车在相互运动中,情况是瞬息万变的。在正常驾驶过程中,客车驾驶人看见危险源出现的时间是0.4s;如果客车驾驶人以100km/h的速度行驶,需要通过感知、想象、思维、记忆、判断过程,正常情况下客车驾驶人的反应能力为0.7s。假如客车以100km/h的速度行驶,即每秒客车前进28m,此时,从减速、制动到停车的一系列过程客车是不可能停得下来的(图2-2-20)。

图2-2-20　客车追尾

客车驾驶人坐在驾驶室内仅仅是一个小点,盲区很多。如果驾驶过程中车辆位置不断地变换,那么盲区也在不断地变换,例如公交车进站形成的盲区。驾驶中,由于超过90%的决定都是根据眼睛看到的情况而做出的,为了有足够的时间和空间避开危险源,行车过程中客车驾驶人需要搜索前方至少15s范围以外的交通状况,才能确保行车安全。

因此,客车驾驶人无论在何时何处驾车,都应当清楚地了解客车周边360°空间的状况,以及车在整个道路交通系统中所处的位置,同时为了能及时发现潜在危险源,还要保持视觉搜索不间断、有序地进行,并有意识的避免被其他事情分散注意力而引发交通事故。

统计表明,在反应、判断、操作三个项目中,由于驾驶人注意力不集中、察觉晚而造成的交通事故占59.6%,由于判断错误而造成的交通事故占34.8%,这两项合计达94.4%。

2. 洞悉四周

无论驾驶人在何时、何处驾车,都应做到眼观六路、耳听八方。清楚了解车周边360°空间的状况,以及车在整个道路交通系统中的位置。每5~8s扫视侧、后视镜以洞悉四周情况。辨别车辆四周相关和不相关的物体。改变车辆的位置以增大视野。任何时候都保持安全的跟车距离(图2-2-21)。

(1)掌握好客车驾驶人的安全圈。

客车驾驶人在驾驶过程中应当掌握好自己的安全圈,注意辨别车辆四周相关和不相关的物体,重点注意潜在的危险源并采取相应措施。

(2)安全跟车的防御性驾驶。

道路交通肇事中,很多是因为驾驶人跟车方法不当,或不能保持合适的跟车距离而造成的。因此,掌握正确的跟车方法,保持合适的跟车距离,对减少事故有重要意义。

图2-2-21　洞悉四周

车辆的跟车驾驶特性表明:在同向行驶的一列车辆中,后车跟随前车运行,驾驶人总不愿意落后很多,总是紧随前车(图2-2-22)。这是一种"紧随要求"。

正确的跟车方法是既要保证行车安全,又不致影响道路的交通容量。行车实践证明,为保证行车安全,跟车距离不得小于安全间距。

驾驶人在跟车过程中,还要注意以下几个方面的问题:

①跟车时精力要高度集中,使自己所驾车辆在前车任何情况下停车时都能及时停下来,即使前车制动灯不亮,或突然横滑、甩尾时,也能从容应对。

②在所驾车辆制动效果不佳,或货车载人,或运送大件物品时,应适当加大跟车距离,以留有足够的安全系数。

③在遇转弯或前车超车时,要注意观察、判断,以防出现突发情况时措手不及。

④操作技术不熟练或反应较慢的驾驶人应逐步摸索出合适的跟车距离,以留出足够的反应距离或制动迟滞距离。

图 2-2-22　紧随前车

(3)弯道行驶盲区的防御性驾驶。

在盲区弯道上行驶时,由于看不到弯道尽头的交通情况,首先必须降低车速,且不能按普通弯道的方式驾车行驶。为了避免和对向车辆发生事故,必须靠着道路边上行驶,在通过左弯道时,客车应沿着弯道的外侧行驶;在通过右弯道时,客车应沿着弯道的内侧行驶,一旦看到弯道的出口就可以变换车道,修正方向。

(4)倒车时的防御性驾驶。

在正常情况下,客车驾驶人倒车时间占驾驶时间/距离的百分比小于1%,而倒车事故占总交通事故的百分比大于50%。因此,做好倒车时的防御性驾驶非常重要。

倒车应当包含掉头过程需要的倒车和直线后退倒车。两种倒车首先必须依照法规对"禁止掉头"和"禁止倒车"的相关规定,来确定"准予""不准"的原则界限。在掉头和倒车的过程中,保证安全的要素主要有以下几点:

①禁止在行驶中突然减速随之立即左转掉头,人称无交通道德的"急停、急转、急掉头"此类行为必然导致"事故高发"。

②任何掉头都应在停住车后,通过观察、判断,选择道路宽阔、易于减少后倒可能的安全位置与方法,确认安全并保证在不影响正常交通情况的前提下进行。开始掉头时,左转向灯和喇叭信号以及通过左、中、右三套后视镜进行动态交通状况的确认是安全的第一要素(图2-2-23)。

图 2-2-23　掉头和倒车

③在掉头和倒车的过程中一直保持对车辆周边动态交通状况,特别是后倒过程中保持对车后交通情况的确认是安全的第二要素。

④停车的后倒估计,均要留有提前量。在狭窄山路确需掉头和倒车时,通常后退的车尾应朝向山体方向,切忌车尾朝向山崖方向。

⑤为了做到万无一失,应当全面查看倒车范围内的潜在风险,注意其他车辆、人员等有无可能在倒车时进入客车驾驶人的倒车区域。由于客车体积大,车身长,盲区多,可能的话要请人指

挥,倒车前一定要摇下车窗并与助手约定好语言、手势等,倒车时确保助手在客车驾驶人的视野里,否则立即停车。

3. 视线灵活

避免发呆凝视和专注凝视。避免紧盯同一目标超过 2s(图 2-2-24)。避免分心,如景物分心(如风景、美女、车祸),要知道美女看得好是风景,看不好就是陷阱。避免车内分心(如小孩、音乐、手机忽然响起),身体分心(如肩背痛、饥饿、尿急),精神分心(如斗气、想家、琢磨某事)。

图 2-2-24 视线灵活

(1)避免凝视和专注凝视。

车辆通过各种各样的路口时,按照防御性驾驶技术要求,要环回视野,要求眼睛不断扫视周边情况,避免注视一个物体超过 2s,防止视若无睹和凝视的情况发生,否则,事故不可避免。

(2)避免驾驶分心。

驾驶分心对驾驶安全具有重要影响,美国国家安全管理局在实际道路实验中发现近 85% 的车辆碰撞和 65% 的临界车辆碰撞的原因都与驾驶分心有直接的关系。

客车在行驶中,其运动速度是每秒几米、十几米、二十几米或更快。而高速行驶的车辆制动距离也是随着速度的增加而加长,从几米到几十米,例如:速度为 60km/h 时制动距离是 15m 以上,速度为 80km/h 时速制动距离是 25m 以上,速度为 100km/h 时制动距离在 45m 以上。路况往往瞬息万变,驾驶分心行为是非常危险的,危险往往就发生在一瞬间。

正常人的视野左右观察能力是 180°,但能看清并记忆的仅中心视觉的 3°,固定看一个地方 5min,就会导致眼睛疲劳而打瞌睡。驾驶车辆时,客车驾驶人一定要谨慎小心,一心一意,保持眼睛移动,扩大视野,决不可麻痹大意,否则就有可能酿成大祸,会给客车驾驶人和他人带来无法挽回的损失。

4. 留有余地

避免在车群中行驶。要预估他人的行为,如超车、变道、制动等。保持四周合适空间。倒车时,为车辆留出足够的空间。

(1)交叉多是事故产生的原因。

交叉路口车多人多(图 2-2-25),交通情况复杂,历来都是交通事故多发地段。

为了确保安全,按照防御性驾驶技术要求,客车驾驶人必须做到以下几个方面。

①仔细观察。集中注意力、仔细观察、提前预防。客车驾驶人应当对照谨慎驾驶三条黄金原则,检点自己驾驶过程中的每一个驾驶行为。在思想上引起高度重视,重视程度必须是每一时刻每一秒钟,瞬间侥幸、抢行心里和心态失衡都会带来非常大的事故隐患。

图 2-2-25　交叉路口交通状况

②注意信号。通过交叉路口前应注意观察交通情况,尤其要警惕行人横穿路口,随时准备采取措施,要严格遵守信号灯、标志、标线及交通警察的指挥;遇红灯做到"三不抢行"(图 2-2-26),即不与左右放行的车辆抢行,不与在路口等信号的绕行机动车辆抢行,不与已接近路口的绕行非机动车抢行。遇绿灯时也要做到"三不抢行",即初变绿灯时,不与左右已进入路口的放行车辆抢行;左转弯车辆不与直行车辆抢行;直行车辆不与对方已进入路口的左转弯车辆抢行;预防突然出现的意外事件。

"闯绿灯"和正常行驶之间如何界定?这需要驾驶人自己做出判断

图 2-2-26　"三不抢行"

③提前并线。根据通过路口的方向不同,提前将客车驶入相应车道。

④减速慢行。要提前降低车速,以慢速通过交叉路口。

⑤阻塞等候。遇有路口交通阻塞时,即便是绿灯亮,也应将车辆停在路口外等候,以免被夹在路口内进退两难。

(2)谨慎驾驶。

安全与谨慎驾驶是保障道路旅客运输安全的前提,客车驾驶人必须严格遵守有关规定,时刻不忘行车安全,谨慎驾驶;驾驶过程与驾驶行为应当留有余量,不达到自己驾驶能力的极限,留出部分能力防止意外。总之,随时随地都应当给别人留有安全驾驶的空间,例如:在超车变道时,给别人留有余地,其实也就是给自己留有了余地。十分把握七分开,留有三分防意外;小心驶得万年船(图 2-2-27)。

(3)预估他人的行为。

预估风险就是要对路上各种错综复杂的交通情况有一个估算,由此预先做好防御。在实际驾驶过程中其他驾驶人手中摆弄手机,遇红绿灯时见缝插针,只顾目视道路前方,忽视驾驶环境发生的各种变化驾驶行为已经置于危险当中。为此,客车驾驶人必须及早发现交通伙伴的危险行为或错误行为,采取相应防范措施,以防交通事故的发生。

(4)伙伴驾驶。

客车驾驶人应当预料到,所有的交通参与者都有可能犯错误。需要每一个客车驾驶人平等对待参与交通安全的各方,大家都是伙伴或朋友,参与交通的各方是一种平等合作的关系。为了避免风险,就必须对较弱的交通参与者有耐心。如果他们有危险,应当提前减速,在必要时停车。

(5)"麋鹿测试"的合理利用

"麋鹿测试"(图2-2-28)是国际上衡量车辆安全性的重要标准。这个测试的名字来自麋鹿,这种动物分布于北欧的斯堪的纳维亚半岛和北美大部分地区。它们经常会在车辆前出其不意地跳出来,与高速行驶的车辆相撞,造成严重的交通事故。"麋鹿测试"中要检验的就是车辆回避障碍的能力。

图2-2-27 谨慎驾驶

图2-2-28 麋鹿测试

在美国各大保险公司的网站上,会教人在麋鹿出其不意地跳出来时如何应对:抓紧转向盘,尽可能制动,制动不住就往上撞,绝不要高速闪避。

5. 引人注意

行车时,争取利用目光接触,使用警告装置,如指示灯、喇叭,确保安全最关键,如果没把握,就不要突然改变车速、车道等。倒车时,争取视野接触并且使用警报装置,当还不能确信时,就先不要动。

(1)争取利用目光接触。

客车驾驶人在车辆转弯、变道、掉头等发生操作变化前,与其他驾驶人或行人做信息沟通时一定要让其他驾驶人或行人注意到你,并保证其他驾驶人或行人看得到你。可以利用目光与对方驾驶人或行人交流,如必要可用手势或使用灯光、喇叭或提前使用双闪灯、制动灯警示后车,以确保车辆转弯、变道、掉头等发生操作变化时的绝对安全。

(2)使用警告装置。

为了引起其他驾驶人或行人注意,可以使用转向灯、喇叭,起警示、告知、提醒的作用。

(3)倒车时,争取视觉接触并且使用警告装置。

倒车前首先看清车后的情况,估计好倒车的行进路线(图2-2-29),确定车头是否会碰到障碍物,倒车时应当要控制好车速,控制车速不要太快。根据车尾行进方向的需要,用左手转动转向盘:如果车尾需要向右后方行进,则将转向盘向右转动;反之,则将转向盘向左转动。实际上这和汽车向前行驶时的转向操作是一致的,记住这点就不会打错方向而手忙脚乱了。

图2-2-29 估计倒车路线

在倒车过程中不要一直看着车后,在确认车后安全的前提下,需要不时地观察左右后视镜,注意障碍物与车身之间的距离,并据此利用转向盘来修正车身后退时的位置。

(4)行驶中情绪的控制。

心理专家认为,人的心理因素对交通事故的影响,主要表现在情绪上。激动和愤怒的情绪,都不利于安全行车。

良好的心态,对事物的观察和判断具有积极的作用,表现为感受力强,观察、反应迅速,判断准确,动作灵敏,有利于车辆安全行驶。反之,激动、易怒的情绪,直接或间接地影响到驾驶人判断、操控动作,妨碍安全行车。

由于心理情绪影响到行车安全,要求每一个驾驶人必须具有良好的心理素质,时刻保持情绪稳定,有很强的社会责任感,安全意识和自控能力强,在驾驶车辆过程才能始终保持良好的情绪,牢记安全第一、责任第一,在快乐驾驶的理念下,才能将事故发生率降到最低点。

(5)掌握变速或变道时机。

客车驾驶人在变速或变道时掌握合适的时机是关键,如果没有绝对把握,就不要突然变速或变道。

6. 众醉独醒

专心驾驶不能分神,注意观察路上其他车辆和驾驶人的状态,识别疲劳症状,选择解除疲劳的方法,选择避让线路或停车地点,保持充足睡眠并制订行车计划。

(1)驾驶人专心致志驾驶车辆,注意时刻提醒自己要保持冷静,有效避免因为坏情绪而导致的危险。

(2)避免不良情绪干扰。上车前,如果情绪不好,就要学会为自己减压。因为如果驾车时脾气火爆或者沮丧,则会在一定程度上影响客车驾驶人的驾驶效果。

(3)驾车时不要在路上争吵。有些人脾气火爆,遇到抢道、追尾、碰撞等事故,就会发怒火冒三丈,产生所谓"路怒症"。其实在路上和别人争吵,不仅不能有效解决问题,也会让双方的不好情绪加深。这种时候冷静处理,反而更有利于事情的解决。

(4)驾车上路减压,避免坏情绪。驾驶过程中应当多几次深呼吸;试着与前行车辆保持一定车距;开窗让新鲜空气进入车厢;听收音机或听比较轻松的音乐;将车停在路边服务区;有心事的时候可以先打个电话给好朋友倾诉一下,心情舒畅后再上路;车上放一张家人幸福的小照片,不驾车的时候看一看等。

(5)保持良好的工作环境。行车中,保持驾驶室空气畅通、温度和湿度适宜,减少噪声干扰。

7. 轻车熟路

牢记道口"三要素"——提前减速,提前换挡,选择适当位置和注意观察转弯、边线与视线死角区域行人和车辆。避免鬼探头,即行人或非机动车辆突然出现在视线障碍物之前的防御性驾驶技巧(图2-2-30)。

(1)选择最便捷行车路线技巧。

①驾驶人驾车认路是职业的本能,认路除了观察车辆和道路上的交通情况外,还要留意地面的平坦与坎坷、笔直与弯曲、宽阔与狭窄,要善于借助路旁的参照物记路,每个交叉路都有其不同的特征,如不同的建筑、不同的景观设置、一家小店、一棵歪脖树等,都可能将该路口与其他路口区别开来。认识这些路面的特征能为驾驶人安全驾驶打下坚实基础。

②道路变化有时很大,如修路、改道或行车中道路的变换等。由于对异地的道路不熟或转来转去,会使驾驶人辨不清方向,夜间长途行车更易出现这种情况。所以,准确判定道路方向和变化,可以减少不必要的弯路。可借助参照物记路,每一条道路、交叉路口、立交桥、道路的变换部都会有不同的特征,如商店、餐馆、学校、车站、山河、桥梁、招牌等,可以利用这些特殊的参照物与其他的路段加以区别。夜间尽量利用灯光的照射,将有特殊标志的参照物记清、记牢。

③借助方位记路,东、西、南、北、中方位最为重要,特别是在方位错乱的情况下,可通过日出及日落、路旁房舍的朝向、树木阴阳向背等来判断方位,并对意识方向和实际方向加以区别。

在迷路的情况下,更应遵循实际方向行车,不可因意识上的错误而改变正确的行车方向和路线。还可借助路况记路,驾车行驶时,驾驶人在注意观察车辆、行人动态和道路交通标志的同时,还要十分留意路况的变化。

(2)转弯、边线与观察技巧。

客车在行驶中,由于交通情况的不断变化及遇到各种弯道,需经常改变车辆的行驶方向,因此,巧妙地运用转向盘,把握好前进的方向,是驾驶人必备的重要技能。客车转弯时要清楚其最小转弯半径和内轮差。

①最小转弯半径和内轮差。

最小转弯半径和内轮差是影响汽车转弯角度的主要因素。

a.由于汽车的转向角及轴距在制造结构上已经确定,决定了汽车的最小转弯半径也不再改变。所以当驾驶最小转弯半径较大的汽车转弯时,要注意不使外前轮越出路外或碰及障碍物。当驾驶最小转弯半径较小的汽车转弯时,要注意不使内后轮越出路外或碰及障碍物(图2-2-31)。

图2-2-30　视线死角

图2-2-31　转弯半径

b.内轮差是指汽车转弯时前后内侧车轮转弯半径之差。内轮差的大小与转向角及轴距有关,转向角越大,内轮差就越大。

②转弯操作方法。

转弯时,注意观察道路情况,合理选择转弯路线,控制行驶速度,正确掌握转向时机。通过弯道时,左右转动转向盘,做到灵活、及时、正确。

a.车辆转弯时应减速,打转向灯,并发出信号,逐渐转动转向盘,弯缓时应早转慢打,少打少回;弯急时应迟转快打,多打多回。

b.车辆行驶时由于前轮定位的作用,车前轮会产生一种保持直线行驶的稳定性,当车辆转弯时车轮会有一定直线阻力。

车速越快、弯度越急,阻力就会越大,其车轮上的阻力通过转向系统传导至转向盘上。因此,转弯时的弯度越大(即转弯半径越小),车速越高,转向盘的转动阻力越大。汽车高速行驶转弯时在离心力的作用下车身倾斜度逐渐加大,转向盘的转动阻力也逐步加重。当倾斜度与转动转向盘时的力度达到一定的程度时,如再猛打转向,加上突发的紧急制动,强大的离心力将有可能引起车辆的颠覆(图2-2-32)。

图2-2-32 车辆的颠覆

汽车遇弯道行车时会产生离心力,离心力的大小与车速、转弯角度成正比,车速越快,弯度越大,离心力越大。所以高速急转弯时,易造成翻车事故。因此,高速转弯时不能猛打转向盘,并严禁紧急制动。弯前应保持充裕的制动提前量,加大直线制动距离,驶入弯道速度控制在较有把握的状态下,出弯道前要做好加速和变速的准备。经验丰富的驾驶人会根据车速、车辆在转弯时的倾斜度及转向盘的转向力度来加大转弯的角度,拉大直线制动距离,缓解转弯时的离心力,确保车辆在弯道中的行车安全。重心较高的车辆,如高载车、客车和工程车等,在弯道中更应注意安全。

c.转弯时由于内后轮迹和内前轮迹的不重叠性,后轮迹偏靠内侧。车子越长,转弯角度越大(转弯半径越小),后轮越靠转弯内侧,因此,转弯时应靠弯道的外侧行驶,充分考虑内侧后轮的通过性。狭窄地段转弯时,先将车子逐步靠外侧顺直线行驶,转弯时车头前方尽量靠外沿通过,晚打、急打转向盘。

(3)掉头、边线与观察技巧。

客车掉头是将客车180°转弯,改变原来的行车方向。不同的车型,掉头难度不尽相同,

①选择位置。

汽车掉头,必须严格遵守《中华人民共和国道路交通管理条例》的规定:"机动车在铁路道口、人行横道、弯路、窄路、桥梁、陡坡、斜道或容易发生危险的路段,不准掉头。"因此,我们必须选择一个小的交通路口或平坦、宽广、坚实的地段掉头。根据道路宽度及交通状况,车辆可以划分成沿车掉头、沿停车场掉头或二者相结合的掉头。如果没有这些条件,也可以选择使用空间使车辆掉头。

②掉头的基本操作。

a.一次性掉头。选择在道路宽直、视线良好的道路上,采用 1 挡或 2 挡快速运用转向盘一次性完成掉头。

b.顺车与倒车相结合。即采用如下操作方法:

第一步,首先选择好适合掉头的场所(图 2-2-33),起步前系好安全带,观察交通情况,确认安全后鸣号。

图 2-2-33　选择适合调头的场所

第二步,驾驶车辆应当挂 1 挡平稳起步,起步后驾驶人调整转向盘,当眼睛观察到仪表板二分之一处对准车道边缘线时,保持车正轮正的同时,迅速向左将转向盘转至极限,从左侧方的侧玻璃观察,当观察到左侧玻璃站柱与边缘线重合时,向右回转方向同时停车,完成一进。

第三步,完成一进停车后,挂倒挡起步,在车辆平稳起步后,应当迅速将转向盘向右转至极限,眼睛观察到左后轮与车道边缘线即将重合时,向左回转方向同时停车,完成一退。

第四步,完成一退停车后,挂 1 挡起步,在车辆平稳起步后,应当迅速将转向盘向左转至极限,当眼睛观察到左侧玻璃站柱与左边缘线重合时,向右转方向同时停车,完成两进。

第五步,完成二进停车后,挂倒挡起步,在车辆平稳起步后,将转向盘迅速向右转至极限,当眼睛观察到左后轮与车道边缘线即将重合时,向左回转方向同时停车,完成二退。

第六步,完成二退停车后,挂 1 挡起步,平稳起步后,应当迅速向左转转向盘至极限,当眼睛观察到车体与车道线平行回正转向,平稳驶出掉头地段。

③掉头注意事项。

在危险的地段掉头时,车尾应朝安全方向,车头朝对风险大的方向。宁可多掉头,避免出现一步到位的风险。

(4)通过环形交叉道口技巧。

环形交叉道口(图 2-2-34)是平面交叉口的一种布置方式,即在交叉口中央设一中心岛,其中心岛的形状有圆形、椭圆形、方形、菱形等。

①在进入环形交叉路口后,所有车辆都要绕岛右侧转行,但不开转向灯。行驶到预定道路,准备驶出路口前,才能开右转向灯,然后离开环形交叉道口。

②在进入环形交叉路口前,应将车速控制在 15km/h 左右,并注意来自左方将驶入环岛的车

图 2-2-34　环形交叉道口

辆;进入环道后,则应将注意力转到右侧向环道内驶来的车辆;在行驶过程中通行不畅或视线受阻时不得随意变线,以免造成交通阻塞甚至引发交通事故。

③出路口时,应注意右侧直行的行人和非机动车,避免"鬼探头",即行人或非机动车辆突然出现在视线障碍物之前。有两条或两条以上车道的环形路口,靠环岛的内侧为快车道。

当车辆由内侧车道离开环形路口并驶向预定道路前,一定要及时发出转向信号。先驶入外侧车道,然后驶离环岛,决不可从内侧车道直接右转弯驶出环岛,以免与在外侧机动车道行驶的车辆相撞。进入环形交叉道口的机动车和出路口的机动车相遇时,驶出路口的机动车享有先行权,但必须在确保安全的情况下驶出。

8. 有备无患

不要依赖自己对他人行为的判断。调整跟车距离,在任何时候,车的前后、左右距离都要保持正常。避免并排行驶和视线盲点,留有逃生通道。随着外界环境的改变来调整驾驶,减速或保持安全驾驶空间。

(1)调整跟车距离技巧。

驾车上路时,如何安全跟车是每个驾驶人都要遇到的问题。正确掌握跟车技巧,能在驾车时轻松自如,心情愉悦,而且也能有效地降低交通事故。

①正确判断、掌握行进中车辆的间距。跟进中的车辆,因受前车阻碍,视线被局限,驾驶人接受来自前方的信息较慢,在驾驶操作上显得被动。所以,必须控制与前车的纵向距离,尽可能扩大视野,减少操作上的被动(图2-2-35)。

②按照车速确定车距。行驶中,车速越快,车辆的间距应越大。一般情况下,车辆间距约参照行车的时速数,如车速为60km/h,其纵向间距不得小于60m。高速公路设有车辆纵向距离测量标牌,能够帮助驾驶人目测估算与前车的距离。

图 2-2-35　跟车纵向距离

③在城镇繁华地区跟车时,要耐心跟进,需要超车时,要在较远距离时就观察情况,确保超越过程中不因前面突然出现行人、骑车人而惊慌失措。

④跟随出租车或其他随时停车的车辆时,要拉大间距,以便前车停车时能及时停车或绕行通过。

⑤在遇风、雨、雪、雾等恶劣天气时,要严格按照交通法规的规定时速行驶,增大间距。

⑥在郊区或农村,跟随无转向指示装置的农用车行驶,在超越时,一定要提前鸣喇叭或用远、近光灯示意,以防其突然转弯。

⑦在跟进行驶中,若遇行人或非机动车插入,要保持足够的耐心,不要出现急躁情绪。尤其是遇人行横道,更要主动避让行人,表现出良好的职业道德。

⑧在行驶到高速公路终点后,不能兴犹未尽,盲目开快车,而要及时调整心理状态。

⑨不要跟随正在执行特殊任务的警车、消防车、救护车、工程救险车或车队,以免造成事故或不必要的麻烦。

⑩在坡道行驶时,跟车间距要加大,以防前车因操作失误或动力不足、熄火后溜车而发生撞车。

(2)避免并排行驶的技巧。

在城市道路行车,应当遵循各行其道的原则,并与并排行驶的车辆保持足够的横向安全

图 2-2-36　避免并排行驶

距离；在一般道路和高速公路上行驶，除了具备超车条件与被超车并排行驶外，一定要避免与同向行驶的车辆长时间并排行驶，否则，极易引发交通事故（图 2-2-36）。

①如遇前方有载重货车，想超过去，要先观察前方路况，在确保前方路况良好、视线良好的情况下，打开超车转向灯、鸣号、频闪前照灯，同时观察大货车的走向。如果货车并没有占道行驶，且无左摇右晃的倾向，立即加速将其超越。超越时应当与被超越的大货车保持适当的安全距离再驶回原车道。

②应该特别注意，转弯时别和大型货车并排行驶。因为大型货车在转弯时前轮与后轮之间存在较大的"轮迹差"，也就是说当大货车前轮拐过去之后，其后轮与前轮的行驶轮迹不是在一条弧线上。如果此时并排行驶的车辆处于大型货车车身前半部位置时，那么大型货车在转弯时就极易将并排行驶的车撞倒。

③在通过红绿灯或是正常的路口时，若转弯，不论左右，要做到以下三点：

一是要看信号灯行驶，绝不能闯红灯，人为制造安全隐患。

二是在路口等灯时，切勿与左侧的右转弯大型货车并排行驶时的横向距离贴得过近，当察觉有大型货车右转时，应高度警觉，以防遭到大型货车的碰撞；左转弯也一样，不要在大型货车左侧徘徊，要主动让道，避免相互碰撞。

三是不能为赶时间，在信号灯未变换时，盲目行车向前移动，否则将置并排行驶的车辆于危险境地。

④行驶过程中，应当观察同向行驶的大型货车装载货物情况，特别是城市或者远郊，很多大型货车是用来拉土、石头及建筑垃圾，很容易掉下装载货物，而砸坏并排行驶的车辆。

（3）调整驾驶空间的技巧。

驾驶空间实际上是指行驶车辆之间的距离，俗称车距。行车间距如果过小，容易发生撞车事故。常见的一些追尾事故就是车距过小造成的；而行驶间距过大，会使该段道路上的汽车通过量下降（图 2-2-37）。

①灵活运用"三要素"。

在正常情况下，行车间距的米数和车速的千米数相同（如：以 50km/h 的车速行驶时，与前车要保持约 50m 的距离）。但是安全车距受速度、

图 2-2-37　通过量下降

天气和路面"三要素"的影响较大，因此，在实际运用过程中必须灵活机动，根据实际情况对安全车距进行合理的调整。

a. 车速对行车间距的影响是最直接、最大的。常言道："十次肇事九次快"。车速增大，

出现情况后驾驶人的反应距离随之增加,车辆的制动距离也因车辆动能的增大而随之增大,因此,安全车距要随车速的变化而及时调整。

b.天气的好坏也直接影响安全车距。如遇风、雨、雪、雾、阴暗天气,驾驶人的视线受到影响,中枢神经疲劳,感觉迟钝,知觉降低;遇高温天气,驾驶人肌肉松弛,心跳加快,体力减弱,无精打采,心情烦躁,大脑皮层抑制性增强,应变力下降,操作灵活性减弱;遇低温天气,驾驶人肌肉收缩,精神紧张,行动笨拙。因此,遇到以上几种恶劣的气候条件时,则应降低车速,适当加大跟车间距。

c.路面对行车的安全间距影响也较大,这主要是道路的附着性能发生了变化,如果附着系数下降一半,其制动距离将增加一倍,遇雨路、泥泞路、雪路,特别是结冰的路面时,其附着性能大大下降,使制动距离较正常路面(即平整、干燥、硬实的水泥或沥青路面)增加 1~6 倍。

②坚持"2s"原则。

保持适当的车距是安全行车的基本条件。简单地说,驾驶人在跟车当中,可以选取择路面或路边的某一固定的参照物,如果前车与驾驶人的车通过该参照物的时间间隔在 2s 之上,那么说明车距合适,这就是所谓的"2s"原则。"2s"原则并非仅仅是驾车者的经验所得,它是有一定的事实依据的。根据科学研究,一般驾驶人的制动反应时间在 0.39~0.63s 之内,采取制动的时间在 1~1.39s 之间,两者之和为 1.39~1.98s,小于 2s,而通常前后车的车速基本相同,所以在制动时间相同的情况下制动距离也基本相同。2s 的间隔,就可以保证前后车辆的有效制动,在日常行车中,驾驶人可以用"2s"原则调整前后车距。如果发现时间差小于 2s,那就表示驾驶人已进入危险距离,这时驾驶人必须减速,适当加大跟车距离;如果大于 2s,说明车速、车距适中,为安全跟车距离(图 2-2-38)。

9. 逃离险境

在驾驶过程中,很可能遇到一些道路交通通行不畅的突发事件。例如:道路前方发生严重的道路交通事故、道路设施事故(道路、桥梁、隧道塌方)、严重的危险货物运输事故,以及影响道路交通的各种恶劣天气,包括风、雾、雨、雪等可能降低道路通行能力并可能引发交通事故的各种天气状况。

(1)如果还未入险境,千万不要轻易涉险、草率通过,一定要选择安全地点停车查明情况,确保百分之百的安全,方可通过。如不幸已驶入险地,道路前方发生严重的道路交通事故、道路设施事故(如道路、桥梁、隧道塌方)、严重的危险货物运输事故,应当及时组织乘客疏散到道路以外的安全地带躲避,预防第二次事故发生(图 2-2-39)。

图 2-2-38 安全跟车距离距

图 2-2-39 逃离险境

（2）如遇到塌方、泥石流、道路水毁、滑坡等地段,一定要沉着冷静,迅速、准确判断出最佳的安全撤离路线,以最快的速度逃离险境。如车辆已无法逃离,驾乘人员一定要迅速下车及时组织乘客疏散到道路以外的安全地带躲避,切记,千万不要在车上滞留,以免丧失稍纵即逝的逃生机会。

第三节　不同车辆行驶状态下的防御性驾驶

在行车过程中,每天都会遇到各种不同的车辆行驶状态,比如通过路口、变更车道、转弯、会车、超车、跟车、停车等,不同的行驶状态中隐藏着不同的安全风险因素,如处置不当,极易发生交通事故。因此,驾驶人只有熟练掌握了不同行驶状态下的防御性驾驶方法,才能确保行车安全。

一、通过交叉路口的防御性驾驶

在没有交通标志、标线控制的交叉路口直行时,在进入路口前应减速慢行或停车瞭望,观察左、右方交通情况,让右方道路的来车先行,并密切注意对向车辆动态,如遇强行抢道左转弯的车辆,及时避让。

交叉路口左转弯时,驾驶人应提前降低车速,在距路口 30～100m 之间开启左转弯灯,观察左、右及侧前方交通情况,并靠路口中心点左侧转弯。同时要密切观察对向直行和右转弯的车辆,注意避让。交叉路口右转弯时,驾驶人应提前降低车速,在距路口 30～100m 之间开启右转弯灯,观察左、右(特别是右侧后方)交通情况,防止后侧跟行的车辆盲目地从右侧超越,引发交通事故。右转弯时如遇左侧有直行或对向有左转弯车辆以及有行人正在过马路,必须停车让行(图 2-3-1)。

二、变更车道的防御性驾驶

(一)变更车道转向灯的使用

变更车道时(图 2-3-2),先观察与判断汽车侧方与后方的交通情况,至少提前 3s 打开转向灯;然后再次确认两侧道路没有车辆超越,并在确保准备驶入的车道留有足够的安全空间后,平稳转向,驶入相邻车道。完成变道后要及时关闭转向灯,以免给其他车辆造成错觉。

图 2-3-1　停车让行

图 2-3-2　变更车道

(二)变更车道的方法

(1)变更车道时不宜太过缓慢,长距离的压线行驶会影响其他正常行驶的车辆。变更车道遇到障碍时,要提前变道以防止强行变更车道时发生碰撞事故。注意不得连续变更两条以上车道,若有需要变到更远的车道,则应先变更到相邻的车道并行驶一段距离后,再变更到另一条车道。

(2)在交叉路口前变更车道时,要提前根据需要行驶的方向来选择车道,并在虚线区域按导向箭头方向驶入导向车道。进入路口实线区域后严禁变道。如遇后侧来车准备加速驶入自车行驶的车道时,应适当减速避让,让其安全变道。发现前方道路有出入口时,应注意观察两侧车辆的动态,控制好车速,防止侧面的车辆突然变道,在向左或向右变更车道时不宜太过缓慢,如果长距离的压线行驶会影响其他正常行驶的车辆。变更车道遇到障碍时,要提前变道以防止强行变更车道时发生碰撞事故。

案例情景

2011年7月26日7时40分,陕西慈溪慈东工业园区慈东大道与方淞线交叉路口,驾驶人刘××驾驶一辆满载黄泥的工程车在离交叉路口100m处强行变更车道,与一辆对向接送公司员工正常行驶的客车迎面相撞;猛烈撞击之下,两辆车均发生翻转,继而四轮朝天。事发后,附近的浙江中基铝业有限公司30多名员工先期投入救援,协助交警、消防等部门,从翻转的车厢里救出十余人,并运送伤员前往医院救治。这起事故造成1人死亡,16人受伤。

案例分析

猛烈对撞导致两车翻转的事发地是一个十字路口,路面宽敞,车流量并不大,事故完全是由于驾驶人刘××在离交叉路口100m处强行变更车道时占用对方车道,致使客车无处躲避造成的,驾驶人刘××负此次事故的全部责任。

三、转弯的防御性驾驶

(一)转弯时离心力

车辆在转弯时会产生离心力,上坡时车速较慢,离心力较弱,同时车身重心后移,令转向不足的程度减小,转向会比较好控制;下坡时,情况正好相反,由于车速快,离心力强,车身重心前移,转向不足的程度增加。在这种情况下,汽车如果不能在入弯前有效减速,极易发生冲出路面或发生侧翻事故。因此,转弯时应提前降低车速,尽量避免在转弯的同时使用行车制动。

进入盲弯时,要减速、鸣号慢行,左转弯尽量靠右、右转弯尽量靠中心线行驶,以扩大行车视野。在陡坡处转弯时应提前换入低速挡,以求足够的爬坡动力,避免在转弯中换挡,发生意外。转向时机要选择适当,应做到一次性转弯,避免因转向不当造成需倒车后转弯,引发交通事故。

案例情景

2015年5月15日15时许,驾驶人王××驾驶的陕B239××号大型客车行驶至陕西省咸阳市淳化县境内淳卜路1km+450m下坡左转弯处时,车辆失控由道路右侧冲出路面,坠下落差32m的山崖,导致35人死亡、11人受伤。

案例分析

驾驶人王××因驾驶制动系统技术状况严重不良的大客车,行经下陡坡、连续急弯路段时,因制动力不足造成车速过快,行至发生事故的急弯路段时速度达到59km/h,在离心力作用下出现侧滑,失控冲出路面翻坠至崖下造成事故。

(二)通过城镇街道或交通情况复杂路段的转弯

在城镇街道或交通情况复杂的路段转弯时,应在转弯前50~100m内减速,做到"一慢、二看、三通过",密切注意汽车转弯内侧情况,谨防并行而又不明汽车行进方向的车辆和行人争道抢行。同时充分估计内轮差,注意转向时的入弯和出弯角度,防止右后轮驶出路外,擦碰到行人和障碍物。

四、会车的防御性驾驶

(一)会车的方法

会车前应根据对方来车和道路情况,有预见性地控制车速,合理选择交会地点。会车时应遵守交通法规,本着礼让三先(先让、先慢、先停)的原则,同时两车间留有足够的横向安全距离、各自靠道路右侧通过或停车避让。会车后,注意从后视镜中观察确认无车辆超越时,再逐渐驶回原路线正常行驶。

(二)不同情况下会车时的注意事项

(1)当对面出现来车,而自己前方右侧有同向而行的非机动车或障碍物时,应根据离障碍物的远近、双方车速及前方道路情况决定交会方法,避免争道抢行,在障碍物处形成"三点一线"交会。

(2)若障碍物在来车前方,应注意观察对方的动向。当对方车辆强行超越或打开左转向灯示意时,应该立即减速或停车让行。

(3)尽量避免在桥梁、隧道、涵洞、急弯等处交会车辆,即使道路条件与交通状况许可,也必须低速交会,以免发生交通事故。

(4)遇雨、雾、黄昏等视线不清的情况会车时,应降低车速,打开示宽灯、示廓灯、近光灯、防雾灯和危险报警闪光灯,加大两车横向间距,必要时停车避让。雨天还应注意路面积水情况和道路的坚实情况,避让时应注意防止车轮碾压疏松的路沿发生倾翻事故。

(5)在狭窄道路会车时,要密切注意大型车辆后部的视线盲区,并减速鸣号,防止在与之交会时其他车辆或行人突然从车后冲出而发生事故。

(6)夜间会车应在距相对方向来车 150m 以外关闭远光灯,改用近光灯,因为远光灯的光束十分集中且亮度较高,对方驾驶人受刺眼强光影响,会出现局部盲区甚至短暂失明,容易引发事故。

案例情景

2015 年 6 月 10 日 9 时许,西藏圣地旅游有限公司一辆号牌为藏 AL02××的大型普通客车(核载 28 人,实载 19 人),行至山南地区贡嘎县境内 307 省道 23km+500m 处,与对向行驶的藏 AR01××号轻型货车会车时发生刮擦,大客车冲出道路右侧,翻下斜长 78m 的崖下,造成 11 人死亡,8 人受伤。

案例分析

大客车驾驶人在山区危险路段与轻型货车会车时,未减速慢行并保持足够的横向安全距离是发生事故的主要原因。

五、超车与让超车的防御性驾驶

(一)超车

超车是汽车在行驶中不可避免的一种比较危险的行为。必须掌握熟练的技术和技巧,并严格遵守交通法规,才能防止意外和事故发生。

1. 超车前首先要进行安全确认

超车前的安全确认包括:是否处于禁止超车的路段;与对面来车是否有足够的安全距离;被超车前方是否存在迫使其向左变更车道的交通情况;道路左侧和后方是否存在妨碍超车的交通情况等。另外,在超车前如遇前车正准备超车时,不得强行超车。

图 2-3-3 超车的方法

2. 超车的方法

准备超车时,应保持与前车的安全跟车距离,开启左转向灯,确认安全后向左变更车道,适当加速且保持安全车速;超车时,应与被超车保持足够的横向安全距离,并密切观察道路前方和周围有无异常情况,发现异常时,应立即减速取消超车;超车后,从右后视镜观察,确认与被超车拉开一定的安全距离后,开启右转向灯,驶回原车道(图 2-3-3)。

在超越路边停放车辆时(尤其是刚停稳的出

租车或家庭小轿车),一定要多加小心,提前减速,缓慢通过。条件允许最好鸣号警示,以防超越时前车驾乘人员突然打开左侧车门下车,发生事故。

3. 超车的注意事项

(1)在有禁止超车警告标志、路口、弯道、窄路、视野有障碍的路段,禁止超车。

(2)前方车辆突然减速时,禁止超车。

(3)前方道路左侧有岔口或前方车辆开启左转向灯时,禁止超车。

(二)让超车

行驶中,当发现后方车辆发出超车信号时,只要条件允许,应及时减速靠右让行,给超车车辆腾出足够的超车空间。

让超车前的安全确认包括:是否处于禁止超车的路段;前方或道路右侧是否有迫使我方向左变更车道的交通情况;对面来车是否会迫使超车车辆突然驶回原车道等。

让超车过程中,应适当放松加速踏板,降低行驶速度,向右变更行驶路线后保持直线行驶;与超车车辆保持足够的横向安全距离;密切观察超车车辆和周围道路交通情况的变化,做好随时降速和避让的准备。

让超车后,要防止超车车辆突然驶回原车道或驶回原车道后突然减速以及后面还有跟随前车超车的车辆等情况,以免发生事故。

案例情景

2012年10月7日11时44分,山东省济南市商河县长途汽车运输公司驾驶人牛××驾驶鲁A969××大客车(核载39人,实载28人),自东向西沿青银高速公路行驶至淄博路段228km+530m处,在超越同向右侧车道一辆大货车时,突遇山东省高密市王××驾驶鲁GJ03××小客车从两车间强行超车并线,导致鲁A969××大客车与鲁GJ03××小客车刮擦后,失控冲过中央活动护栏,与对向济南旅顺旅游汽车有限公司驾驶人周××驾驶的鲁A185××大客车(核载53人,实载53人)发生碰撞,致鲁A185××大客车翻入高速公路边沟,造成14人死亡、6人重伤。

案例分析

小客车驾驶人王××违法从两车间强行超车并线是发生事故的主要原因,大客车驾驶人牛××在超车时疏于对周围道路交通情况的观察,应对突发情况的处理措施不当,也是发生事故的一个重要原因。

六、跟车与被跟车的防御性驾驶

(一)跟车

跟车方法不当是酿成追尾事故的一个主要原因。跟车时,必须与前车保持足够的安全距离,才能在遇到突发的紧急情况时确保安全。安全距离与行驶速度、路面状况、车辆性能、驾驶人状态等因素都有着密切关系。

大型客车惯性较大,特别是在满载的情况下,制动距离会延长。在跟随小型汽车时,应适当增大跟车距离。为了防止由于前车突然制动导致追尾事故的发生,跟车时不要只看前车,而要越过前车观察更前面车的行驶情况。如果前车的前车制动灯亮,那么就要放松加速踏板、轻踩制动踏板,这么做既能保证及时制动,又能警示后车。

跟车的时候应保持匀速,不要猛加速或由于车速不当与前车距离太近而制动。在跟车的时候要时刻关注前车的速度。在坡路上跟车,为了防止溜车事故的发生,不论是上坡还是下坡都必须加大跟车的距离。在雨天或湿滑路段跟车时,轮胎与路面的附着力下降,车辆制动距离会延长,需要与前车保持更大的安全距离。无论在什么样的路况下跟车,都要保持良好的心态和安全车距,只有这样才能在突发情况下做出冷静、合理的判断。在行驶中如果遇到以下车辆,则尽量不跟车。

(1)大型货车。因为大型货车又宽又大,遮挡行车视线,如货物掉落还会伤及自己和车辆。

(2)教练车。因为教练车多为学员驾驶,他们往往在行驶中观察不全面,发现情况不及时,加之处理情况动作慢,一紧张难免产生操作失误,随时可能出现紧急制动或随意变更车道的情形,如果跟得过近或在其两侧行驶,就很容易发生事故。

(3)出租车。尤其是空驶的出租车,因为它要在路上找客源,一旦发现有人打车,驾驶人就会紧急制动,而载着客的出租车也会因乘客就近下车而随意停车,经常连转向灯也不打就猛地停在路边。如果跟车过近,就没有了制动距离,很容易追尾。

(4)高档车。因高档车的车速一般比较快,制动性能也很好,遇情况紧急制动时,它能及时停车,而一般车不一定能停下,发生追尾的可能性很大。

(5)外地车。有些外地驾驶人对本地城市道路不熟,行车速度慢且犹豫,有时为了寻找目的地,会临时停车问路,还有一些跑长途的驾驶人疲劳驾驶,车开得忽快忽慢,忽左忽右,跟在后面很危险,稍有疏忽也会发生追尾(图2-3-4)。

(6)车队。如果处于高速行驶,应尽量避开跟车队。因高速行驶的车辆速度都很快,尤其是新驾驶人难以把握跟车速度,保持安全车距,一旦前面的车采取紧急制动,很容易出现连续追尾,特别是中间的车辆受到前后夹击,后果不堪设想。

图2-3-4 发生追尾

(二)被跟车

行车中,有跟车就有被跟车。驾驶人发现有车辆紧紧跟随时,应根据当时的天气、路况、行驶速度、跟车距离等情况及时做出判断,如有被追尾的危险,驾驶人可以采取一些有效的措施来避免事故的发生。

（1）在交通复杂路段，可适当拉大与前车的安全距离，避免因前车紧急制动，造成连锁反应而使后车措手不及（图2-3-5）。

（2）减速时，尽量避免紧急制动，先轻踏制动踏板使制动灯亮起来提示后车，让驾驶人引起注意，谨慎驾驶。

（3）在进行转向、变更车道等操作时，提前利用灯光信号向后车传递行驶意图。

（4）在正常交通情况下，发现后车（特别是大型车辆）长时间跟随的，在有让路条件的路段，应减速靠右并发出让行信号，让其先行。

（5）做好车辆日常维护工作，随时保证灯光清晰有效，正确使用制动灯和转向灯，在紧急停车情况下，打开危险报警闪光灯警示后车。

七、停车的防御性驾驶

停车分为主动停车和被动停车。在没有任何妨碍车辆正常行驶的情况下，驾驶人自主选择安全停车的，为主动停车（图2-3-6）。比如车辆到达目的地或驾驶人自身有需求的情况下选择的停车。由于出现了驾驶人必须停车才能处理的交通情况，为被动停车。比如遇到交通信号灯或车辆抛锚以及堵车等情况下的停车。

图2-3-5　前车紧急制动造成的事故　　　　图2-3-6　主动停车的情形

无论是主动停车还是被动停车，都要采取必要的安全措施，否则就很可能导致事故的发生。

停车时，驾驶人应采取以下安全措施：

（1）确认是否处在设有禁止停车标志、标线的路段或是法律法规明确规定的禁止停车的地点。

（2）确认停车地点路基是否坚实，是否影响其他车辆和行人通行。

（3）在交叉路口或人行通道停车时要与前车保持足够的安全距离，以便在发现后车有追尾可能时能够及时变更车道避让。

（4）在道路上发生故障需要停车时，应当立即打开危险报警闪光灯，然后将车辆移到不妨碍交通的地方。如果无法移动故障车辆，应当持续开启危险报警闪光灯，同时在车后50～100m处设置警告标志，必要时迅速报警。如果是在夜间，还应同时开启示廓灯和后位灯，以提示来往车辆注意避让。

（5）因车辆抛锚或发生事故等情况在坡道上停车的，应拉紧驻车制动器操作杆，挂好挡位(上坡挂一挡,下坡挂倒挡),用三角木或石块掩在车轮下(上坡掩在后侧,下坡掩在前侧),并在车辆后侧的正确位置摆放危险警告标志。

八、各种错觉

由于受身体、年龄、心理、环境等因素的影响,驾驶人在行车过程中往往会产生各种错觉。这些错觉与错看、漏看不同,它是人类知觉的一种特性。据统计,在交通事故中由于驾驶人错觉而引起的占35%左右。所以了解和掌握驾驶人在行车中产生各种错觉的特点和规律,尽量避免它所产生的影响是很有必要的。

(一)距离错觉

对于路上各种类型的车辆,驾驶人有时会对来车的车长、会车间距、跟车距离产生错觉(图2-3-7),使会车的距离不够和跟车的距离过近而导致事故的发生。常见的距离错觉有:同样的距离,白天看起来近,而在夜间及昏暗的环境感觉远;前面是大车的感觉距离近,前面是小车的感觉距离远;路上参照物多时感觉距离近,参照物少时感觉距离远;会车时,无论两车的速度

图 2-3-7 距离错觉

差有多大,总是感觉会车地点在两车距离一半处等。为安全起见,可采用行车间距的米数和车速的千米数相同的方法加以预防,如:速度为60km/h时,与前车要保持60m,会车间距一般为1.5m左右。

(二)速度错觉

不同的车,速度也不一样,而行车过程中驾驶人大多是根据观察到的景物移动作参照物来估计车速的,并不是完全依靠车辆自身车速表的指示针来操作车辆。这样,景物移动的多少会导致驾驶人对车速的不同判断。例如,在市区道路上对车速易于高估,在原野道路上易于低估;在加速时,易于将低速高估,在减速时易于将车速低估,以致转弯、会车时因车速过快而发生危险;长时间以某一速度行驶后会对该速度产生适应,对其余速度易于错估,特别是误将高速低估的情况非常危险。这就要求驾驶人有熟练的技术才能运行自如,而且还要全神贯注,才能把握住方向。

图 2-3-8 弯度错觉

(三)弯度错觉

按照科学要求,公路是没有笔直的。公路的自然弯度和人为弯度使公路四通八达。驾驶人在公路上行驶的快慢,经常随公路的弯度而改变。变速的程度如何也会造成错觉(图2-3-8)。在连续转弯的山道上行驶,即使同一曲率

半径,驾驶人也会感到山区比平地容易转弯,所以在行驶中高速连续急转弯是很危险的。行车中要注意在弯道必须留出足够的空间,降低车速,防止后轮脱离路面或发生碰撞事故。

(四)坡度错觉

在距离很长的坡道上下坡,会产生好像是在平路上行驶的感觉;在下长坡接近坡底、坡度变得越小时,驾驶人往往会以为已变成上坡,若这时加大踩加速踏板的力度,车速会更快;在上坡途中坡度变缓时,驾驶人往往也会以为已变成下坡,若这时放松加速踏板,易使车辆溜坡。另外,在上下坡之前,切记要试一试制动,同时为防止坡度错觉,可以常观察坡道上的标志牌,感觉发动机的声音并利用好挡位等。

(五)颜色错觉

在市区等交通复杂路段行车,因周围景物五颜六色、相互交错、加之灯光闪烁、人头攒动,极易分散驾驶人的注意力,特别是夜间,更容易将路口红绿灯当成霓虹灯,或把停驶车辆的尾灯误认为行驶车辆的尾灯,把前车的制动灯错看成尾灯等。另外,汽车外表颜色还会引起视觉上远近的差异,如浅色调使车辆显得大些,感觉近些;深色调使车辆显得小些,感觉远些。另外,驾驶人如果戴上各种不同颜色的太阳镜,也易将各种浅色"滤"掉,产生颜色错觉。因此,在繁华区和城市夜间驾驶时,注意力一定要集中,千万不可受外部环境影响而分散注意力。

(六)光线错觉

太阳光、反射物体的亮光、夜间行车时远光灯的强光、会车时的仰光都会使驾驶人的视觉一时难以适应,造成光线错觉(图2-3-9)。行车中应尽量避免光线变化的刺激,避开强光或明亮的物体,如霓虹灯、玻璃墙上镜面反射等。在遇到光线频繁变化时,应立即减速慢行。

图2-3-9　光线错觉

(七)时间错觉

驾驶人心情愉快时,行车中往往感觉时间过得很快,而心情烦躁时,就会感觉时间过得慢。另外,在任务紧急、急于赶路时觉得时间短,容易产生抢行或盲目开快车,这种"超前"心理也会造成错觉。此时驾驶人切忌心浮气躁,应调整好心态,耐心驾驶,控制车速,确保安全。

(八)环境错觉

地理环境不同,特别是新路环境,驾驶人不熟悉,自然产生一种陌生感。熟路又会出现习惯性。在城市马路上停车,或是路的级别要求,什么型号车,可行什么级别公路,这些规则制约驾驶人的行驶,造成环境错觉。

(九)服装错觉

春夏秋冬服装花色繁多,驾驶人在"服装大潮"中穿行,很容易造成视线分散,形成错觉。

九、驾驶人佩戴墨镜的选择方法

(1)在佩戴墨镜的选择上一部分驾驶人以为墨镜颜色越深就越好。其实,墨镜的颜色过暗,眼睛更容易疲劳,会延迟视觉信号传送到大脑的时间,导致判断失误。根据实验,汽车速度达80km/h,戴深色墨镜的驾驶人对路况的反应时间将延长100ms,从而增加2.2m的紧急刹车距离。

(2)选择镜架过大、质量过重的墨镜,会让驾驶人脸部发胀、麻痹,分散驾驶人的注意力。

(3)更不能购买价格便宜、材料较差的劣质偏光镜,这类偏光镜透过汽车风窗玻璃看东西会变形,甚至产生错觉,容易引发事故。

(4)经常驾车佩戴墨镜的驾驶人要选购能过滤眩光的偏光墨镜,它有削弱强光、抗疲劳、不妨碍视线、防紫外线等作用。

第四节 客运站场的防御性驾驶

案例情景

2015年1月27日6时35分,客车驾驶人胡××来到广东省佛山市顺德客运站停车场,在进行完机油、皮带、轮胎、气压等出车前的安全例行检查后,确认车辆并无异样,才起动车辆进行预热。就在车子预热的时候,驾驶人胡××看到仪表盘突然冒烟后,便立即熄火,通知场内的修理工前来处理,修理工发现车辆出现异常后,随即对整车电路进行断电。但车头部位仍在大量冒烟,而车辆的仪表盘已经开始着火。客车从冒烟到着火前后仅仅1min,差不多四五分钟就蔓延到整车了。

客车驾驶人胡××有着11年驾龄,从事公交车驾驶人已有3年,虽然此前并未遇到过此类事件,但他曾参与过公司组织的安全应急演练,因此在处理突发事件时有一定经验。

当时驾驶人胡××第一反应就是拿灭火器灭火,修理工就负责报警。为了防止自燃殃及场内其他车辆,驾驶人胡××立即叫来保安帮忙,与此同时,还叫醒在附近宿舍的其他几名驾驶人一起帮忙疏散附近车辆。经紧急疏散,共有10台公交车辆驶离事故现场,有效防止了事故进一步扩大。但事故最终还是殃及了临近的3台车辆,其中有一辆为报废车辆,一辆为中山至顺德的客车,还有一辆为本月16日刚刚入户的新车,还未投入营运。当时,火灾现场有6~7人,由于疏散及时,没有造成人员伤亡。

按照春运有关要求,春运前,区内所有营运客运公交车、长途车辆都须通过更为严格的特别检查,包括整车内部线路检测等,顺德客运站相关负责人表示,公司计划在1月20日至2月3日对所有车辆执行春运前的特别检查,但由于是轮流检查,起火的客车还未轮到检查就已发生自燃。

案例分析

该事故是由于客车驾驶人胡××忽视日常安全例保检查和客运公司春运前的特别检查计划安排欠妥所致,幸运的是采取措施得当没有造成人员伤亡。

一、客运站内防御性驾驶方法

客运站场是道路运输车辆经常出入的地方,驾驶人掌握客运站场的防御性驾驶知识,有利于规避驾驶风险,降低意外事故发生率。

客运站内车辆、人员密度高,交通标志、标线不齐全,这些因素都影响着客运站内行车安全。

客运站内防御性驾驶要点:必须清点乘客人数;确保乘客坐稳;对需要帮助的乘客提供方便;谨慎驾驶。

(1)对行李舱进行例行检查(图2-4-1)。驾驶人在驶离客运站时应当对客车行李舱进行例行检查。主要是详细检查大客车行李舱开启和关闭是否灵活有效,舱内气路管线捆扎是否紧固合格,舱内卫生是否达标,舱内有无存放易燃易爆物品和闲杂物品等现象,对查出的隐患问题当场立即整改,绝不姑息迁就,确保车辆运行安全。

(2)对行李架进行例行检查。驾驶人在驶离客运站时应当对客车行李架进行例行检查。主要是详细检查大客车行李架上螺钉的紧固程

图2-4-1 行李舱检查

度和旅客物品、包、衣服、被褥、书籍、零星食品、土特产品等摆放的均匀程度。旅客物品、包、衣服、被褥、书籍、零星食品、土特产品等不能超过行李架的设计承重,确认旅客物品、包、衣

服、被褥、书籍、零食品、土特产品等摆放安全,消除车辆在行驶途中物品、包、衣服、被褥、书籍、零星食品、土特产品掉落砸伤乘客的隐患。

(3)清点乘客人数。清点客运单上显示的乘客人数跟实际乘坐人数是否相同,避免将乘客遗落在客运站,延误乘客乘车。

(4)检查乘客座椅安全带使用情况的有效性。

二、客车进出站防御性驾驶方法

客运站出口一般与主干道连接,在出口处形成了交通流交汇点,加之人员混杂,进出乘客繁多,驾驶人视野盲区大,也是事故的多发地段(图2-4-2)。

(一)通用技巧

(1)进站前及通过出站口前,驾驶人应当注意观察车辆周围交通情况,鸣号、勤观察,增强应急情况的处置能力,车辆行驶速度应控制在5km/h以内。

图2-4-2 事故的多发地段

案例情景

2011年12月27日13时15分许,驾驶人邓××驾驶深圳市长途汽车客运有限公司的粤B975××号大型普通客车,在罗湖汽车客运站下客区下客后准备将车驶离下客区,起步时因操作不当,与下客区内多名行人发生碰撞,造成5人死亡(其中3名香港人)、5人受伤及车辆损坏的事故。

案例分析

此事故是由于驾驶人邓××在客运站站场内下客区下客后再次准备将车驶离下客区,起步时观察不仔细和操作不当引发的交通事故,由驾驶人邓××负此事故的全部责任。

(2)有序通过出入口。有多辆车同时进出站时,如果只有一个出口通道,应当排队等候,依次通过出口;如果有多个出口时,左侧出口车辆应该让右侧出口车辆先行。如果进出口为同一个通道,出站车辆应当礼让进站车辆先行。

(二)客车进出站

客车进站时,特别是在乘客下车的地点,人流量大且混乱;出站时,周围的非机动车、行人、接送乘客人员较多,特别是在出站口兜售食品、饮料的小商贩,他们一般都会汇集在车辆周围。这些因素导致客车驾驶人视野盲区的增加。

（三）客运站场内倒车技巧

客运站场内倒车一般应用于车辆掉头、停车入位、停靠站台等情况。倒车时，客车驾驶人视野盲区、操作方法、车辆行驶轨迹都与正常行驶时不同，存在很大的风险。倒车时，驾驶人易出现未掌握好倒车角度和速度、疏忽盲区内情况而撞固定物、撞人的情况。因此，驾驶人应当切实做到以下几点：

（1）倒车前，首先观察客运站周围交通情况，选择路面宽阔、平整、路基坚实的地方，在不影响客运站内进出车辆正常行驶的情况下倒车，特别要注意观察盲区内的行人、机动车。

图 2-4-3 倒车风险

（2）选择倒车路线并仔细观察，必要时下车观察，注意障碍物、行人、客运站内来往车辆，选好倒车参照物。

（3）为了安全起见，应当在站内工作人员或乘务员的指挥下倒车。

（4）倒车时，注意提防其他无关人员进入倒车区域内，并将车速控制在 5km/h 以下。

（5）客车车辆轴距较大，因此，客车驾驶人在倒车时应当注意内外轮差可能带来的风险（图2-4-3）。

三、客车沿途停靠防御性驾驶的方法

（一）通用技巧

（1）客车沿途停靠前，首先应当观察后方和右侧的交通情况，提前开启右转向灯，注意驾驶盲区内的非机动车、行人。

（2）确认停车地点安全后，缓慢向右转动转向盘；注意通过右后视镜观察、判断车身与道路右侧边缘线之间的距离，按顺行方向靠右侧停车，不得逆向停车。

（3）夜间沿途停靠应当同时开启示廓灯和后位灯。

（4）避免紧急制动，再次起步时应当再次清点客运单上显示的乘客人数跟实际乘坐人数是否相同，照顾老弱病残及儿童。

（二）车辆在道路上发生故障的应急技巧

（1）车辆在道路上发生故障，需要在沿途停靠车辆时，客车驾驶人应立即开启危险报警闪光灯，将车辆及时移动到不妨碍交通的地方，高速公路在 150m 以外放置警告标志。

（2）夜间车辆在道路上发生故障，沿途停靠还应同时开启示廓灯和后位灯，并在车后50～100m 处设置警告标志，必要时迅速报警。

（3）夜间及遇雨、雾、雪等天气或车辆发生故障需要临时停车时，应关闭前照灯，并开启危险报警闪光灯、后位灯和示廓灯。

（三）客车沿途停靠注意事项

（1）客车沿途停靠必须选择在道路交通安全法有关停车规定的地段停车。

（2）避免在交叉路口、铁路道口、急弯处、宽度不足 4m 的窄路、桥梁、陡坡、隧道及距离上述地点 50m 以内的路段停车。

（3）因某些原因不得不在上述路段停车时，客车驾驶人应立即开启危险报警闪光灯，并在适当位置放置警告标志，弯道需在车辆后部及弯道直线段放置两个警告标志，提示其他车辆驾驶人和行人注意安全。

案例情景

2011 年 8 月 5 日晚 9 时 11 分许，驾驶人王××驾驶一辆牌照为川 E211×× 的大客车在广西三江至北海省级高速（宜柳段）196km + 100m 处因车辆发生故障在紧急停车道停车维修，被驾驶人高××驾驶一辆牌照贵 A750×× 重型半挂牵引车追尾，结果造成 6 人死亡、7 人受伤。

案例分析

此事故是由于川 E211×× 大客车驾驶人王××发生故障在紧急停车道停车维修时，没有按照有关规定放置两个警告标志牌，应负此次事故的主要责任；驾驶人高××夜间行车没有仔细观察道路交通情况，车辆临近时采取措施不当发生追尾，应负此次事故的次要责任。

第五节　典型道路的防御性驾驶

一、高速公路

高速公路便捷、通畅，成为人们出行越来越重要的选择，然而其良好的行驶环境往往容易麻痹驾驶人的神经，同时过快的车速往往会让事故造成的伤亡更加惨重。因此，在高速公路上驾驶，完全不同于一般道路的驾驶，驾驶人应掌握高速公路的正确行驶方法，确保行车安全。

（一）驶入高速公路

车辆驶近收费处时，要严格遵守限速规定，密切注视指示牌和情报上显示的道路及天气情况，确定是否能进入高速公路。确定可以进入高速公路后，选择通道上方亮绿灯信号且车辆较少的通行道口，依次排队通过，切勿争道抢行。大型车辆应走最右侧的大型车道入口驶入高速公路（图 2-5-1）。

（1）在设有电子不停车收费系统（ETC）的收费站，持有电子标签的车辆可以在 30km/h 的车速内不停车直接通过 ETC 专用收费车道，进入高速公路。

图 2-5-1　驶入高速公路

（2）进入收费口处，将车身靠近收费亭，停车应使驾驶室车窗与收费亭窗口对齐，以便交接通行卡或通行费。大型车辆应缓慢将车辆停放在地称上称重计费。

（3）车辆驶过高速公路收费口后，应根据指路标志选择需要的匝道口。驶入确定匝道口后，迅速提高车速，但不得超过标志限定的速度；在匝道上，不准超车、掉头、停车和倒车。

（4）驾驶车辆从匝道进入高速公路加速后，应打开左转向灯，尽快将车速提高到 60km/h 以上，并仔细观察行车道上行驶车辆的情况，选择驶入行车道的时机，不准在加速过程紧急制动或停车。

（5）驾驶车辆驶入高速公路加速车道后，应根据行车道的情况选择驶入时机，行车道车辆稀少时，可从正常行驶车辆后驶入行车道，遇高速公路正常行驶车辆尾随相距较近时，应控制好车速，在所有车辆通过后再驶入行车道，不宜迅速从中间插入。

（二）高速公路防御性驾驶方法

1. 分道行驶

（1）在高速公路上行车时，客车最高时速不得超过 100km/h，应严格按规定选择行驶车道，不得在紧急停车带或路肩上行车。

（2）在同向 2 车道的高速公路上行车，车速低于 100km/h 时，应在右侧车道上行驶（图 2-5-2）。

（3）在同向 3 车道高速公路上行车，最右侧车道的最低车速为 60km/h，车速高于 90km/h 的车辆应在中间车前上行驶，车速高于 110km/h 的车辆应在最左侧车道上行驶。

（4）在同向 4 车道的高速公路上行车，车速高于 90km/h 的车辆应在中间两条车道上行驶，车速高于 110km/h 的车辆应在最左侧车道上行驶。

图 2-5-2　分道行驶

2. 速度控制

（1）车辆在高速公路行驶时，要通过车速表确认车速。长时间高速行驶，驾驶人对车速的感觉会变得迟钝，仅凭感觉不能准确地判断车速。

（2）车辆进入高速公路后，无论是正常行驶，还是超车或让车，都应严格遵守最高车速和最低车速规定。

（3）在高速公路上行驶时，要注意限速标志，按照标志要求限速行驶。高速公路上要求以非规定速度行驶时，都设有限速标志。在有限速标志的路段，应及时将车速控制到限速标准以内，超速驶过该路段是非常危险的。

3. 安全距离

（1）车辆在高速公路上超车，车速为 100km/h 时，最小横向间距应为 1.5m。

（2）高速公路每隔一段距离，设有专门为驾驶人确认安全距离使用的路段和标志牌，该路段用于驾驶人确认车速在 100km/h 时的安全距离。车辆在高速公路以 100km/h 的速度行驶时，100m 为安全距离，50m 为危险车间距。

（3）高速公路行车，应根路行驶速度、天气和道路情况保持安全距离。

4. 变更车道

车辆在高速公路上行车，不得频繁地变更车道。确需变更车道时，应提前开启转向灯，注意观察道路标志、标牌和路上的情况。确认安全后，缓转转向盘，驶入需要变更的车道。切不可一次连续变更两条及以上车道，否则，容易导致碰撞事故的发生。

5. 超车

（1）高速公路速度快，噪声大，鸣喇叭前车驾驶人可能听不到，超车时应切换远近光灯提醒一下对方。

（2）发现行车道内有两辆以上大货车前后距离比较近时，超车时要提防后面的大车突然变道超车而发生危险。

（3）正常情况下在高速公路超车时，横向车距（两车间平行瞬间的左右距离）为：车速为 100km/h 时，横向车距为 1.5m 以上；车速为 70km/h 时，横向车距为 1.2m 以上。

（4）夜间超车时，不应一直用远光灯，应在距离被超车 150m 以外变为近光灯，以便前车更好地判断两车间的距离，避免误判发生危险。

6. 通过立交桥

行至高速公路立交桥（图 2-5-3）时，要注意观察指路标志，在临近转弯的立交桥前，要根据右侧指路标志确认出口位置、行驶车道和行驶路线。若要改变行驶路线，应距立交桥 500m 时，开始逐渐降低车速，根据预告标志适时地向右完成车道的变更，平顺地驶入预定车道；距出口 50～100m 时，打开右转向灯，按照指路标志的要求进入匝道，驶入新的行进方向车道。

7. 停车

（1）在高速公路上行驶的车辆若发生故障必须停车时，切不可采用紧急制动的方法，更不能在行车道直接停车，应控制好车速，看清车前

图 2-5-3　通过立交桥

车后的交通情况，打开右转向灯；尽快驶离行车道，停在紧急停车带内或右侧路肩上。

（2）停车后，必须立即打开危险报警闪光灯，在车后方 150m 以外设置警告标志，若是夜间还需同时打开示宽灯、示廓灯和尾灯；车上人员应迅速转移到右侧护栏以外，并通过紧急电话求援或报警。

（3）若车辆短时间内修复后返回行车道时，应先在路肩或应急车道上提高车速，并打开左转向灯，在路肩或紧急停车带提高车速至 60km/h 以上；认真观察行车道上车流的情况，在不妨碍其他车辆正常行驶的情况下，进入行车道行驶。

8.注意事项

(1)上高速公路前,要规划好线路,尽可能了解沿途的路况,给车辆加满油料并保持手机电、费充足,避免疲劳驾驶。

(2)如果因疏忽驶过出口,应继续向前行驶,寻找下一个出口或立交桥驶出高速公路或掉头。不得紧急制动、停车或沿路肩倒车退到出口处,更不得借行车道掉头或逆行。

(3)在高速公路上行车,不得在路边随意停车,更不得在高速公路上停车上下乘客。发生事故或故障必须停车时,应尽可能选择紧急停车带停车,迅速正确地疏散乘客,打开危险报警闪光灯,摆放危险警告标志。

(4)高速公路上行车,应随时注意情报板及标志牌显示的车速预告,适时调整行车速度。跟大货车一定要保持距离,防止大货车突然变线、爆胎和掉物。

(5)行驶中发现可能发生危险的车辆时,应尽早采取措施,或尽快抓住有利时机超越,或加大纵向间距拉开距离,无论哪种方法都是为了及早避开,确保行车安全。

(6)高速公路上行车遇行驶前方道路上有障碍物、因事故前方车道堵塞、道路施工占道及自然灾害造成前方路段损坏需变更车道时,要注意观察道路上设置的标志或警示牌,按照标志或警示牌上的要求行驶。

图2-5-4 高速公路弯道

(7)高速公路弯道行驶中(图2-5-4),应适当降低车速,车速高车会失去控制,造成事故。尤其左转弯道行驶时,由于驾驶人的视距变短,应尽量避免在弯道上超车。为了避免因转小弯与侧面车辆擦碰,禁止在弯度小的弯道上超车。

(8)高速行驶时应对有车辆强行并线时或发现前方突然出现行人、动物等障碍时要坚持让速不让道的原则,切不可在高速状态下猛转转向盘躲避,避免发生车辆倾翻事故。

(9)高速公路长时间快速行驶时,车辆轮胎容易升温导致气压升高而发生爆胎,因此,驾驶人尽量不要连续长时间跑高速,每行驶两小时左右可适当在服务区停车休息一下,使轮胎降温。这一点在夏天尤其重要。

(10)高速公路的坡道坡度较缓,车辆上坡时感觉比较明显,下坡时就不容易感觉出来。行车中应随时注意坡道的存在,注意观察道路标志和警告牌,根据道路的实际情况控制行车速度,尤其要控制下坡的速度。

(11)在高速公路行驶时,如突然出现制动失效或车辆失控时,可将车辆驶入路侧专门设置的紧急避险车道来辅助停车,确保人员安全。

(12)遇浓雾突然来临,来不及驶向服务区或停车场时,可把车辆驶入路肩,打开示宽灯、示廓灯、危险报警闪光灯和尾灯,待雾散后,尽快驶离路肩。

(13)雪天在高速公路上行车,应加大行车间距,一般应为干燥路面的3倍以上。尽量沿前车的车辙行驶,一般情况下,避免超车、急加速、急转向和紧急制动。必须停车时,应提前采取措施,尽量用发动机的牵阻作用来控制车速,以防各种原因造成的侧滑。

(14)路面结冰时,应立即将车辆驶到最近的服务区或停车场,安装轮胎防滑链或换用雪地轮胎。

（三）驶离高速公路

1. 驶离行车道

高速公路的出口前2km、1km、500m及出口处都设有下一出口预告标志。行驶到距出口2km预告标志后，在左侧车道以上行驶的车辆，要逐渐变道至右侧行车道。

2. 驶入减速车道

距出口500m时，打开右转向灯，适当调整车速，逐渐平顺地从减速车道口的始端驶入减速车道（图2-5-5）。

3. 减速车道行驶

驶入减速车道后，关闭转向灯，注意观察车速表，并逐渐减速，使车速在进入匝道前减至40km/h及以下。

图2-5-5　驶离行车道

案例情景

2011年7月4日3时40分，湖北省武汉市青山区驾驶人梁××驾驶武汉市海龙旅游客运有限公司鄂AE38××号大型普通客车，乘载54人（含2名幼儿，核载55人），由广东广州驶往湖北天门，当行至湖北省仙桃市境内随岳高速公路229km+400m处，骑压慢速车道和紧急停车带分道线违法停车下客，被后方驶来的鄂F1N2××号重型半挂牵引车追尾撞击，导致两车冲出高速公路护栏翻入边沟并起火燃烧，造成26人死亡、29人受伤。

案例分析

肇事的鄂AE38××号大客车属于旅游客运车辆，未办理旅游包车线路审批手续，私自组织客源由广州发往天门，违法从事长途客运，在高速公路上违法停车下客，且车身左侧占用部分行车道（约0.5m），导致事故发生。

二、山区道路防御性驾驶

我国国土面积的大部分都是山地丘陵，特别是西南地区，大部分是山区和半山区，山高谷深，道路险峻。

山区道路（图2-5-6）大多依山傍水而建，地形复杂，或盘山绕行，或临崖靠涧，坡陡弯急，转弯半径小，视线盲区大，气候变化无常，极易发生车辆失控、翻车、坠崖等事故。因此，在山区道路行车时，必须根据其特点，掌握山路驾驶车辆的正确方法，确保行车的安全。

图2-5-6　山区道路

（一）进入山区道路

由于山区道路坡陡弯急，气候变化无常，所以进入山区道路前要做好充足的准备工作。

（1）必须仔细检查涉及安全的转向系统、制动系统、车轮及传动系统，同时，加足冷却液、燃油和机油，并根据情况带好三角木、绳索、铁锹等工具。

（2）要配备保障基本生存需要的方便食品和矿泉水，以应对突发的特殊情况。

（3）要了解山区的气候特征，确定最佳行车路线。出车前，注意休息，保证有充沛的精力驾车。

（二）弯道驾驶

（1）山区弯道往往视线不良，汽车通过时，应适当减速、鸣喇叭、靠右行驶，并随时做好停车准备。利用转向盘合理控制汽车在弯道上转向的时机和行驶路线。

（2）进入弯道前，应提前靠右行驶，待行驶至看清前方无来车时，才能居路中行驶；汽车右转弯时，应注意内轮差，待汽车驶入弯道后，再逐渐靠右行驶。进弯道前不宜过早靠右行驶，否则，将造成右后轮驶出路外，发生翻车事故。

（3）若尾随前车行驶，应加大纵向间距，转弯前换入低速挡，尽量避免在转弯过程中换挡，以确保双手能有效地控制转向盘。

（三）坡道驾驶

1.上坡驾驶

车辆上坡行驶时（图2-5-7），应采用减挡及时，合理冲坡的操作方法。需提前观察路况和坡道长度，减挡要及时、准确、迅速，避免拖挡行驶导致发动机动力不足，上陡坡时，应在坡底提前减挡加速合理冲坡。

（1）通过连续短小的坡道，应根据地形情况控制车速，在将要下完坡时适当地加速，握稳转向盘，利用惯性冲上第二个坡道。在即将冲上坡顶时，放松加速踏板，让汽车以惯性通过坡顶，并做好随时停车的准备，以防坡道上出现意外情况。

（2）通过长而陡的坡道时，要利用高速冲

图2-5-7　坡道驾驶

坡，并及时减挡。减挡时，应提前换低速挡，不可用高速挡勉强行驶，也不得过分地使用低速挡，使汽车保持足够的动力，稳妥地上坡。

（3）通过视距受到限制的坡顶，应及时减速、鸣喇叭（夜间用变换远、近光灯示意）、靠右行,并注意对面来车和行人,随时做好停车或会车的准备,以防不测。

(4)上坡时,前、后车的安全距离应尽量保持在30m以上,以防前车倒退时发生危险。前方有车下坡时,应选好安全路段交会,或在较宽的路段停车,等待与来车交会。

(5)爬长坡时,发动机冷却液的温度容易升高,应适时选择安全地点停车休息,使其降温恢复正常工作状态后再行驶。

2. 下坡驾驶

(1)下陡而长的坡道时(图2-5-8),应采用低挡匀速,断续制动的操作方法。在坡顶试踏制动踏板,若制动良好,再挂入与该坡相适应的挡位下坡,同时发动机不能熄火,以利用发动机的牵阻作用为主,结合间歇地使用行车制动控制车速。在坡道上,应避免使用紧急制动或中途变速。下坡时,应事先观察前方情况,与前车保持50m以上的安全距离。在视距较短的路段,要随时鸣喇叭发出警告,在路面狭窄或险峻的路段,下坡时应做好随时停车的准备,以防发生危险。

(2)大型客车下长而陡的坡道时,如长时间使用制动踏板,会造成制动鼓内温度过高,烧坏制动摩擦片,从而使制动器失效,以致无法控制

图2-5-8 下坡驾驶

车速而发生危险。所以在下长而陡的坡道时,除了合理地使用断续制动和发动机的牵引阻力以外,还应正确使用排气制动或缓速器等辅助制动系统来配合控制车速,确保行车安全。

(四)跟车、超车与会车

(1)车辆在山区道路跟车行驶时,与前车应适当加大安全距离。遇视线不清或道路条件差的路段,跟车距离还应加大,以防前车突然停车或停车后溜时发生碰撞事故。

(2)山区道路视线不良,路面狭窄,加之大客车车体较大,驾驶人应尽量避免或减少超车次数,必须超车时,应选择宽阔的缓上坡路段,打开左转向灯,提前鸣喇叭,在确认前车让路后超越。严禁在禁止超车或不具备超车条件的路段超车。

(3)山区道路会车最大的影响因素主要是路面狭窄,一些路段上甚至无法安全会车,因此,首先应提前观察来车和前车,提前鸣号提醒,合理选择会车地点,尽量避免在急弯道、狭道上交会。如被迫在山区弯道与来车交会时,应根据双方的车型、装载、车速和道路情况,选择合理的会车地点,要顾及路面的实际情况,靠山一侧行驶的汽车应尽量让外侧车行驶。在外侧时不要太靠近路边行驶,以免压塌路面,发生坠车。

(五)注意事项

(1)山区道路对驾驶操作的影响为会显著增大驾驶人的心理压力,提高其心理紧张度,高度紧张状态下,驾驶人容易疲劳,同时还容易由于紧张导致操作失误。因此,行车前必须有充足的休息,保持一个良好的身体状况,避免疲劳驾驶。

（2）行驶中遇盲弯时，要降低车速，多鸣喇叭，注意观察交通信号或反射镜。选择安全合理路线行驶。如左转弯时，左侧要留出对方车辆行驶的通道，谨慎前进，待前方无妨碍时，及时驶向靠山一侧。

（3）山区道路路面狭窄、弯多坡陡，行车中需要随时根据路线和路面情况对车辆进行操纵，操纵动作的及时性非常重要，因此，必须集中精力，保持高度的注意。

（4）车辆在山区道路运行中的安全活动空间小，遇到情况操纵运行的空间也小。因此无论在弯道转向，还是避让路面凹坑或障碍物时，操纵动作要及时，但更要注意不可过头，应尽量避免紧急制动和猛打转向盘等操作。为保证发动机有足够的动力顺利通过危险地段，不应用高速挡行驶，而应及早换入低速挡行驶。

（5）遇有山体易出现落石的路段，险情可能随时发生，要提高警惕，观察悬石动态和地面有无散落石块，尤其风雨天气更要特别小心，不得停车，趁交通情况允许时，快速通过。

（6）如前方通视良好，在保证安全的情况下，尽量沿道路中间或靠山一侧按规定车速行驶；注视点侧重于道路交通情况及标志信号，不要探视悬崖、深涧，防止产生眩晕或紧张；在路边设有石桩、石墙的，通常都是急弯、临崖等危险地段，要特别注意。

图 2-5-9 山区危险路段

（7）车辆通过山区危险路段（图2-5-9），应谨慎驾驶，避免停车，在较窄的山路上行车时，如果靠山体的一方车辆不让行，应当提前减速并选择安全的地方避让。通过经常发生塌方、泥石流的山区地段，不能停车。

（8）上坡时，由于视线或路况等原因不允许加速冲坡，在爬坡途中势必要减挡。减挡时机把握不好，很有可能造成发动机熄火。如果发动机已熄火，在没有可靠的制动前，千万不可踏下离合器。此时，正确的方法是运用行车和驻车制动将车停稳，重新起动发动机后实施坡道起步。如大客车实习驾驶人对重车陡坡起步掌握不熟练，可请同车人员在车后轮下垫入三角木或石头，防止起步后溜车发生危险。

（9）在曲狭的山路上行驶，尽量避免掉头，有特殊情况必须掉头时，应选择道路宽直、视线良好的路段，利用路侧的平地、岔口或道路的交叉点掉头，并确定土质的软硬强度。掉头时车头应朝向路幅窄、土质松软的地方，车尾应朝向路幅宽、土质坚硬的地方。切忌顾头不顾尾，盲目后倒或前进。

案例情景

2015年5月15日15时许，驾驶人王××驾驶一辆车牌号为陕B239××的制动系统技术状况严重不良的大客车，载客46人（核载47人）由仲山森林公园出发返回西安。15时27分，当该车行驶至淳卜路1km＋450m下坡左转弯处时，车辆失控由道路右侧冲出路面，越过路外侧绿化台并向右侧翻滑下落差32m的山崖，车头右前侧撞击地面，头下尾上、右侧车身后部斜靠在崖壁上，造成35人死亡、11人受伤。

案例分析

驾驶人王××明知所驾驶的大客车制动系统技术状况严重不良,还继续违法(该车无道路客运资质,事发时为非法营运)载人行驶,在行经下陡坡、连续急弯路段时,因制动力不足造成车速过快,行至发生事故的急弯路段时速度达到59km/h,在离心力作用下出现侧滑,失控冲出路面翻坠至崖下是事故的主要原因。

第六节　特殊路段的防御性驾驶

案例情景

2008年1月25日6时20分许,一辆从临沧市开往昆明的卧铺客车行驶到昆明市云安会都匝道时,准备借匝道上的南过境高架桥入城。由于客车驾驶人大意,没有观察前方道路

的情况,刚进入匝道入口时,车顶撞在了安装在匝道入口上方的限高龙门架上,横在空中的龙门架横梁掀掉了客车的车顶,使客车车顶整体向正后方移动了2m左右的距离,后半部的车顶压在了卧铺上面。事故造成1人死亡5人受伤。

案例分析

此事故是由于客车驾驶人在驾驶过程中,注意力不集中,没有仔细观察道路前方匝道入口限高杆的标志所致。

特殊路段主要包括立交桥、立交路口、桥涵、桥梁、隧道及城乡接合处路段。这些路段危险因素较多驾驶人处理不当,交通事故的发生概率会增加,因此,驾驶人需要掌握各种道路运输环境的交通特点,掌握其防御性驾驶方法。

一、立交桥、立交路口、桥涵、桥梁隧道防御性驾驶方法

(一)通过立交桥、立交路口的防御性驾驶

立交桥或桥涵的最大承载能力、最大限制高度和宽度,雨天桥涵的积水,都会对行车构成危险,不遵守限载、限高、限宽规定,不考虑横向风的影响,雨天不探明桥涵积水深度,在立交桥通往各个方向的引桥和分叉口驾驶时驾驶人注意力集中"找路",而忽视了对交通情况的观察,都会发生危险或引发交通事故。

(1)通过立交桥时,驾驶人要注意限载总质量或限制轴重、限高或限宽标志,超过规定时要绕道行驶避免造成撞垮桥体。当车高度与限高很接近时,驾驶人应先下车探查,确认安全

后再低速缓慢通行。

(2)通过立交桥时,驾驶人要随时观察指路标志,选择对应车道内行驶,以免错过出口,如果行错方向,不要停车、倒车,应继续行驶,驶过立交桥后,重新制订行驶线路。

(3)通过立交桥时,必须按照规定的速度或限速标志的规定行驶,接近立交桥时,应适当减速,以确保行车安全。

(4)注意行车规定。通过立交桥时应遵守立交桥的行车规定,立交桥上禁止倒车、停车和逆向行驶。如果车辆在立交桥上发生故障,则必须想办法将车移走,以免影响交通。

(5)在立交桥通行时,要注意违规进入立交桥的行人和非机动车,应适当减速,鸣喇叭提醒,以确保行车安全。

(6)雾天桥面容易形成水膜,冬天桥面容易结冰。所以,在桥面行驶时,应增大跟车距离,尽量避免急打转向盘和紧急制动。

(7)通过立交路口时,遵守交通通行规则,控制车辆,随时做好安全避让汇入或分流车辆。

(8)通过立交路口时,严格遵守通行优先次序:右转让左转,转弯让直行。

(二)通过桥涵的防御性驾驶

(1)通过桥涵驾驶人要注意限高或限宽标志,超过规定时要绕道行驶避免碰撞、刮擦桥墩或车顶与桥底面刮擦或被卡在桥涵里。当车高度与限高很接近时,驾驶人应先下车探查,确认安全后再低速缓慢通行。

案例情景

2013年2月13日晚,德阳发生一起车祸,一辆从德阳开往成都的大客车,在德阳城郊穿越宝成铁路下穿涵洞时,3.35m高的大客车误入限高2.2m的涵洞。涵洞将大客车车顶掀翻,车上38人不同程度受伤,其中有1人伤势较重。

案例分析

此事故是由于客车驾驶人在驾驶过程中,注意力不集中,没有仔细观察道路前方涵洞入口限高杆的标志所致。

(2)通过桥涵时,如遇积水,要仔细查看水的深度、流速和水底情况,判断能否安全通过,如果存在危险改道行驶,不得冒险通过。

(3)必须通过时最好尽量保障抵挡匀速行驶,避免中途停车、换挡、急打转向,做到慢速、平稳通过,切记多车下水。涉水行驶后,反复踩踏制动板,待制动性能恢复正常后,再进入路面正常行驶。

(三)通过桥梁的防御性驾驶

桥梁是为道路跨越河流、山谷等天然或人工障碍物而建造,供行人、车辆通行的道路工程设施。桥梁具有交通参与者混杂、路面较窄、交通流量大、限制车辆载重、限制行驶速度、禁止超车等特性。

客车对桥梁承重能力提出更高要求,车体宽大,要求路面宽阔。车辆通过承重能力小、路面狭窄的桥梁时,有很大风险。车辆通过桥梁或从立交桥下通过时常见的交通事故类型包括:尾随相撞、同向刮擦、正面相撞侧滑、侧翻、刮擦(撞)行人、坠车和碰撞桥墩等。

(1)进入桥梁行驶时,认真观察限速和限重标志的内容,将车速降低到限制的速度以下按规定通行,如果重量超过标志限定的范围,考虑改行其他道路。

(2)注意横风标志,看到标志提前降低车速。如果遇到横风,缓慢转动转向盘,修正行驶方向,切记不可猛打转向盘和紧急制动。

(3)雾天桥面容易形成水膜,冬天桥面容易结冰。所以,在桥面行驶时,应增大跟车距离,尽量避免急打转向盘和紧急制动。如果行错方向,不要停车、倒车,应继续行驶,驶过立交桥后,重新制订行驶线路。

(4)通过窄桥时,观察桥梁前的限宽、限重标志,确认安全后通行;如果车辆实际状态超过桥梁的限宽和限重,应绕行,不要强行通过;看到对面有来车,要礼让先行。

(5)通过漫水桥,实地查看水势深浅、流速快慢以及水底路面的软硬程度,结合客车涉水能力,决定是否通过。如果前面有车辆通行,等前车通过后沿其行驶线路行驶。通过时,要挂低速挡、控制转向盘匀速通过,坚决避免在涉水时换挡。涉水行驶后,反复踩踏制动踏板,待制动性能恢复正常后,再进入路面正常行驶。

(四)通过隧道的防御性驾驶

案例情景

2010年7月4日23时16分许,无锡市内环高架惠山隧道由南向北隧道中段,无锡市雪丰钢铁公司一夜班接送大客车突然起火,经初步排查,车上乘员共45人,其中24人当场死亡,19人不同程度受伤。

案例分析

此事故是由于夜班车客车驾驶人忽视日常安全例保检查,导致车辆在带电路故障的情况下行驶所致。

1.隧道的特点

(1)由于人由远处突然进入隧道暗处,眼睛不能马上适应,有些驾驶人感到不舒服,并产生与隧道内壁相撞的感觉;有些驾驶人看到两侧墙壁飞快地向后移去,甚至会产生恐惧感。这些都大大增加了驾驶人的心理负担,可能因此向左或向右打转向盘,很容易与两侧墙壁或并行的车辆相撞,造成事故。与一般路段相比,隧道是很容易出事故的地方。

(2)隧道具有限制车辆高度、内部光线暗淡、行车环境较差等特性,隧道内发生事故,受空间的限制,救援难度非常大,且容易引起二次事故。车辆通过隧道时,常见的交通事故类型包括追尾、同向刮擦、剐撞隧道壁等。

2. 通过隧道的驾驶操作方法

（1）进入隧道后（图2-6-1），将视线注意点移到隧道的远处，不要看两侧隧道壁，注意保持行车间距。严禁在隧道内变更车道、超车和随意停车。

（2）如果车辆在隧道内出现故障，只要车辆还能继续行驶，应尽可能把车驶出隧道；当车辆无法驶出隧道时，车上人员必须迅速离开车辆，设法将车移到特别停车点，打开危险报警灯，在车后方150m以外设警告标志，并通过紧急电话向高速公路管理中心报警。

（3）驶出隧道前，通过车速表确认行车速度，不能凭直觉判断车速；到达出口时，握稳转向盘，以防隧道口处的横向风引起车辆偏离行驶路线。

（4）驶出隧道后，在亮适应过程中切勿盲目加速，以免因视力瞬时下降不适应环境而造成危险。

3. 通过隧道的注意事项

（1）提前检查道路前方出现山体时，往往伴随着隧道的出现。在进入隧道前，要提前选择安全的地点停车检查车辆，驾驶人做适当休息。

（2）进入隧道前（图2-6-2），注意观察隧道口的限速、限宽标志和其他注意事项，特别是对于禁止危险货物运输车辆通行的隧道，要提前绕行。

图2-6-1 进入隧道后

图2-6-2 通过隧道前

（3）提前减速、开灯，看到隧道口或看到隧道标志时，提前降低车速，坚决避免在隧道口超车；看到隧道出口时，再次确认车速和保持车距。

（4）隧道是一个封闭的空间，噪声不易消除，禁止在隧道内鸣喇叭。

（5）隧道内空间狭小，没有路肩和应急车道，光线不足，在隧道内行车应避免频繁变更车道和超车，尽量保持匀速行驶。

（6）隧道内禁止停车。车辆出现故障等无法正常行驶的情况时，必须立即向隧道管理部门报告；开启警示灯并迅速设法将车辆移至紧急停车带，并在合适的位置放置警示标志；等待救援人员到达后配合救援人员迅速将车辆拖至隧道外安全地点。

（7）隧道内行驶时，坚决不允许掉头。如果发现行驶路线错误，但已经进入隧道，则需要继续行驶，待驶出隧道后再寻找合适地点掉头返回。

（8）隧道口存在一定的视野盲区，出隧道前要谨慎驾驶，避免隧道口有行人横穿；提前防范，小心应对隧道口横风或路面结冰等情况，特别是在隧道与桥梁连接路段（图2-6-3）。

（9）在进长隧道、特长隧道和隧道群行驶前，应寻找合适的位置停车以进行短暂的休息，再次检查车辆,确保万无一失后,再精力饱满地驾驶车辆通过。

(10)通过无管制的单车道隧道,在接近隧道口时,应仔细观察,如隧道内已有对向来车行驶,应主动避让,避免在隧道内"顶牛"。

(11)通过仅能单向车行驶的窄隧道时,应提前减速,观察有无对向来车,确认安全后方可通过。

(12)通过双向行驶的隧道时应注意对向来车,尽量靠右侧行驶,避免车辆间的刮擦。

图2-6-3 隧桥连接路段

(13)通过机动车、非机动车和行人混合使用的隧道内,尽量降低车速,在路面中央行驶。提高警惕,随时注意观察两侧的非机动车、行人的动态。如果隧道为车流量较大、行人较多的隧道或者混合使用的隧道,应尽量绕行,避免危险货物运输车辆通过隧道;无法避免时,应选择车流量较小的时段或夜间通过。

(14)山区隧道有单向行驶隧道和双向行驶隧道。隧道内一般都比较狭窄、黑暗,有时路面湿滑。较短的隧道可从入口看到出口,而较长的隧道或路途有弯的阳关道则从入口无法看到出口。有的隧道在入口处设有信号灯,只有当绿色信号灯亮时,车辆方可驶入。雨天驶入、驶出隧道时,由于明暗差大和雨水造成的水帘影响,视线变差,应降低车速行驶。注意观察隧道内的行人和非机动车的动态,在隧道内禁止停车、倒车和超车。

(15)进入高速公路隧道前,观察隧道口的指示灯,按照指示灯的指示行驶;隧道内注意观察隧道上方的情报板内容,保持合理的安全距离和车速。

二、城乡接合处路段防御性驾驶方法

1. 城乡接合处路段特点

城乡接合处道路(图2-6-4)交通基础设施较差、道路窄、路口多、路况复杂,是交通事故的易发地段。此外,一些交通设施陈旧落后,交通标志、标线年久失修,没有安全防护设施,沿线乡村村庄密集,交通流量大,厂区单位、铺面、摊点的出入口较多,驾驶道路穿镇穿村,沿途人口密集,农用车、运载危险品、摩托车等在城乡接合处路段全部允许通行,道路行驶秩序混乱,营运车辆超载、超速、违章超车、疲劳驾驶等违章严重,造成人车混行安全隐患,有严重的事故隐患。

2. 通过城乡接合处路段的防御性驾驶

行车过程中,驾驶人的视野应该是"看远顾近、兼顾两边",密切注意左右两侧是否有行人或者儿童正在横穿或者准备横穿马路,以做好提前减速避让的准备。

图2-6-4 城乡接合处道路交通状况

(1)进入城乡接合处路段时,要考虑行人、非机动车、农用车、摩托车及路边的摊位等危险因素,控制好车速,提前减速慢行。

(2)城乡接合处路段交通实施设备欠缺,十字路口普遍没有交通信号等,交通警力薄弱,通过时,应礼让通行,保证交通的畅通和安全。

(3)常用喇叭提示其他交通参与者时刻关注其车辆的动向,时刻保持警惕,做好避让准备。

(4)如遇到施工情况时,驾驶人应降低车速,并时刻观察路面散落的砂石,防止车辆侧滑,同时注意其他施工车辆。

(5)遇行人或者非机动车突然横穿道路时,及时减速或停车避让。路边有放牧的牲畜或赶集人员密集路段,要减速并随时准备停车。

第七节 夜间防御性驾驶

一、夜间防御性驾驶要点

夜间行车,受车辆、环境条件和人自身的生理特点影响,驾驶人的视力变差、视距变短。

同时,驾驶人对道路状况和交通情况的观察力和判断力有所降低,加之,夜间行车因视觉注意力集中而容易产生疲劳,这使得夜间成为交通事故高发的一个时段。因此,夜间行车一定要做到提前预防、仔细观察、合理控制车速,正确使用灯光(图2-7-1)。

二、夜间行车灯光的识别与正确使用方法

(一)不同行车灯的用途

机动车上有夜行灯、信号灯、雾灯、夜行照明灯

图2-7-1 夜间正确使用灯光

等,各种灯光都具有不同的用途。

(1)夜间示宽灯:俗称"小灯"。此灯是用来在夜间显示车身宽度和长度的。驾驶人平时进行例行保养时要经常检查。

(2)信号灯:包括转向灯(双闪)和制动灯。正确使用信号灯对安全行车很重要。

(3)转向灯:此灯是车辆转向时开启,断续闪亮,以提示前后左右的车辆和行人注意。转向灯的开启时间要掌握好,开得过早会给后车造成"忘关转向灯"的错觉,开得过晚会使后面尾随车辆和行人无思想准备。

(4)制动车灯:此灯亮度较强,用来告知后面的行车前车要减速或停车,此灯如果使用不当极易造成追尾事故。另外,更换制动灯泡要注意:我国生产的车辆尾灯很多都是"一泡二用",灯泡内有两个光丝,较弱的为小灯,较强的为制动灯。有的厂家将其设计为高低脚插入式,使用起来非常方便。更换时一定要注意不要接反。

(5)雾灯:它可以帮助驾驶人在雾天驾驶时提高能见度,并能保证使对面来车及时发现,以采取措施,安全交会。所以,雾天驾车时一定要开雾灯,不能用小灯取而代之。非雾天气

如果打开后雾灯,会使后车驾驶人感到非常刺眼,影响安全。

(6)夜行照明灯:俗称"大灯"。夜行照明灯对于全车灯来说是"心脏"部位。合理使用夜行照明灯应做到:会车时变近光灯,会车后及时变回远光,以放远视线,弥补会车时造成的视线不清,通过交叉路口和进行超车时应以变换远近光灯来提示,切实做好事故防御。

(二)正确使用行车灯

夜间驾驶,灯光具有照明和信号两方面的作用,应根据行驶中的实际情况正确使用。

(1)傍晚黄昏时,就应该提前开启前照灯。

(2)夜间驾驶起步前,要开启近光灯,仔细观察车辆周边及道路情况,确认安全后再起步;停车时,应先停车后关闭灯光。

(3)夜间不同行驶条件下灯光的使用:

①近光灯:在车速低于30km/h,与同向前车及对向来车不足150m,照明条件良好的道路使用。

②近光灯或雾灯:在风、雨、雪、雾等低能见度条件下使用。

③远光灯:照明条件差的道路,车速大于30km/h时使用。

④交替使用远近光灯:通过无交通信号控制的交叉路口,驶近坡顶时交替使用。

三、夜间行车路面的识别和判断

夜间行车时,驾驶人的视线仅限于前照灯照射的范围内,很难观察到灯光照射区域外的情况,因此驾驶人应合理控制车速,确保低于限速标志的时速行驶,在没有限速标志的路段,时速应比白天行驶速度更低,特别在弯道、坡道、桥梁、窄路等视线不良路段,必须减速慢行,同时可以通过灯光位置的变化来识别和判断路面情况。

(1)灯光照射距离由远变近时,前方路况可能是:进入一侧有山体或屏障的弯道,到达坡道的低谷地段,驶近或驶入上坡路段。

(2)灯光照射距离由近变远时,前方路况可能是:弯道变为直路,进入下坡路段、缓下坡变为下陡坡或由下坡路段驶入平路。

(3)灯光照射离开路面时,前方道路可能是:急转弯、路面坑洼或到达坡顶。

(4)灯光照射由路中移到路侧时,前方可能是一般弯道或连续弯道,当为连续弯道时灯光会随之从道路的一侧移到另一侧。

四、夜间跟车、超车、会车、停车技巧

(一)夜间跟车技巧

夜间跟车行驶(图2-7-2)时,要使用近光灯,保持安全距离,特别是在高速公路上行驶,更应保持足够的安全距离,注意观察前车信号灯的变

图2-7-2 夜间跟车

化,随时做好减速或停车的准备。跟车时不得使用远光灯,同时要提防路侧黑暗处的行人、非机动车或其他障碍物的动向变化。

(二)夜间超车技巧

(1)夜间超车前,应提高车速向被超车的左侧靠近,跟车距离不大于20m,变换远近光灯示意,通知前方车辆。

(2)先确认前车让超或做出让超示意后,向左侧找方向,与被超车保持一定的横向间距,从左侧加速超越,超过后应继续沿直线行驶,在超过被超车20~50m安全距离后,打开右转向灯,驶回原车道,这样的超车技巧才能保证安全。

(3)超车前,应选择视线良好、平直宽阔、左右均无障碍且前方路段200m范围内没有来车的道路,必须在保证安全的前提下方能进行超越,切忌盲目超越。

(4)在经过交叉路口、陡急弯等险要路段或当前方车辆示意左转弯、掉头或正超越其前方车辆时,千万不能超车。

(5)行驶中,一旦发现有尾随车辆发出超车信号后,应根据道路、交通情况来决定是否减速让路。若条件允许,在确保自身安全的前提下,应主动减速靠右行驶,让后车超越;不能故意不让或让路不让速,甚至在超越时故意加速等。

(6)在让超车后,即使前方路面有障碍,也不能再向左急打方向绕行,以免造成超越车辆措手不及发生事故。待后车超越后,进一步观察后面有无连续超越的车辆,确认安全后,再驶入正常车道。

(三)夜间会车技巧

(1)夜间会车(图2-7-3)时,要提前观察好自己车前方道路或右侧路面情况,选择好回车地点,主动做好停、让准备。与来车相距150m以外时,远光灯改为近光灯,适当降低车速,靠道路右侧,保持直线行驶。在会车过程中,有时为了进一步观察道路情况,可短时间开一下远光灯,但不能给对方行车造成困难。总之应顾及对方的行车条件,控制自己的行车位置,切不可看不清目标盲目转向,以免发生意外。有时遇到对方来车因其他情况未能及时关闭远光灯,应连续明、灭前照灯示意,同时主动靠边停车礼让,不要采取报复行为,强行开灯对射或勉强行车人。

图2-7-3 夜间会车

(2)夜间遇对向和同向行人或非机动车也应改用近光灯,或交替使用远近光灯,以便观察车辆前方情况。遇对向车辆不关闭远光灯,可交替使用远近光灯提示对向车辆,当对向来车仍不关闭远光灯时,要及时减速靠右侧行驶或停车让行。

(3)在窄路、窄桥或与非机动车会车时,应当使用近光灯。

(4)非正常会车时,对道路情况复杂感到会车没有把握时,及时选择地方靠边停车,并开小灯、尾灯,让对方通过后再继续行驶。会车过程中,一旦感到对方车辆行驶不正常,或路两旁的行人、自行车在双方灯光的照射下看不清情况,又不知如何避让时,应及时靠边,中止行车,待来车过后再驶入路中。

(四)夜间停车技巧

(1)观察停车场地,注意行人以及周围过往车辆的动态,确保安全。

(2)打开双闪灯和左右车窗,时刻提醒周围的车辆以及行人注意安全,通过灯光和车窗观察停车位状况。

(3)在确保安全的情况下运用"选择目标准、速度慢、方向快"即安全倒车的"三要素",采取正常的倒车入库流程完成倒车入位。

(4)停车位的选择非常重要,不要停在过度张扬的地方,以免小偷光顾。

五、夜间通过交叉路口和人行横道技巧

夜间通过照明良好的城市交叉路口时,应在150m以外使用近光灯,提前选择行驶车道,减速慢行,并按交通信号灯的提示通行。

夜间通过视线较差的交叉路口时,应在离路口150m以外,变换远、近光灯提示来往的车辆和行人,并低速通过。

在路口转弯时应该在距离路口30~100m时关闭远光灯,开启近光灯和转向灯,进入路口前降低车速,不断变换远、近光灯,确保安全通过。

夜间通过人行横道或者没有交通信号灯控制的路口,应该在距离路口约100m处减速慢行,并且交替使用远、近光灯示意,停车观察确认安全后,以低速通过,同时要注意黑暗中的行人和非机动车。

六、夜间通过弯道和坡道技巧

夜间通过急弯时,在距弯道约150m处,交替使用远、近光灯示意;转弯时要关闭远光灯,开启近光灯,观察对向来车灯光以确定来车情况,降低车速并且靠道路右侧行驶,同时随时做好停车的准备。通过连续弯道时,应该持续使用远、近光灯示意,并且注意观察弯道的尽头,适时调整行驶方向,确保安全。

夜间通过上坡路段时,应提前加速冲坡,并且交替使用远、近光灯示意,提醒对向来车和行人注意。车辆靠近坡顶时,要合理控制车速,将远光灯变换为近光灯,以免引起对向来车驾驶人眩目,造成危险。下坡行驶时应该开启远光灯,以增大视线范围。

七、夜间安全行车技巧

(一)做好夜间行车前的准备工作

(1)在行车前,驾驶人应注意适当休息,保证精力充沛,并对行驶路线做好充分的准备。

(2)对车辆的技术状况要做到全面维护和检查,尤其是照明设备。检查灯光是否齐全、有效,否则应立即修复,不可勉强行驶(图2-7-4)。

（二）加强夜间行车中的安全驾驶防御

（1）正确预见路面情况是做好夜间防御性驾驶的前提，如果能对路面的情况采取正确的预见方法，就可以预防和减少交通事故。

①注意路面的不同颜色，一般规律是：白是水、黑是泥、灰白是路，所以要走灰不走白，遇黑停下来。

②行驶中，如发现前方路面上有阴影，车到近处消失一般是小坑；如阴影仍存在，一般是较大的坑，或者路中有挖开的沟，这时要马上减速或停车，注意观察路面情况。

③行驶中车速自动减慢或者发动机声音沉闷，汽车可能是上坡或者驶入松软的道路上；如遇到上坡路，到坡顶速度一定要慢。特别当前面是不太陡的小坡（可以一冲而上到坡顶时），将近坡顶时速度一定要慢。因车到坡顶，车灯灯光向上照射，坡顶过后一般即是下坡，一时看不到路面，如果这时的下坡处突然是弯道或者是路面突然变坏、大石块挡道等情况，车速过快必然来不及处理。

（2）严格控制车速是夜间防御性驾驶的基础。夜间驾驶时，道路上交通情况比较简单，很多驾驶人会盲目开快车。

①夜间行车遇大雾最好找个安全地方停车。如急需行车，车上还有其他人员时，要请他们帮助观察车前右侧路面情况。如果是单独行驶，更要注意右侧路面，以防掉沟或发生意外，必要时，打开前面风窗玻璃以利观察。遇到大雨，应控制好车速，尽量在路中间行驶。遇到特大暴雨，不要冒险行进，应选择安全位置把车停好，并打开示宽灯、尾灯，以引起来往车辆的注意（图 2-7-5）。

图 2-7-4　夜间不可勉强行驶

图 2-7-5　夜间雾天行车

②夏季夜间行车，要关好风窗玻璃，以防趋光小虫飞进驾驶室，刺伤驾驶人眼睛，造成事故。

（3）夜间行驶应尽量避免超车，确实需要超车时，要先变换远、近光灯提示前车，待前车让行后方可超越；遇前车不让行时，不得强行超车。特别是窄路、窄桥、傍山险路、视线不良及交通流量大的路段，更应注意不得超车。

（4）夜间行车，看到后方来车的灯光越来越近，且来车发出超车信号时，要减速让行，有条件时应该靠右侧让行，不能盲目让行。

（5）夜间车辆发生故障时，要尽量选择安全区域停车，开启危险报警闪光灯、示廓灯和后位灯,按规定设置警告标志,车上人员应该及时转移到安全地点,不要在车内停留。

(6)夜间行驶时,不但要注意车辆灯光信号,还要注意拖拉机、人力车、自行车等微弱的灯光信号,还有施工信号灯、交叉路口信号灯、铁道路口信号灯等。遇到这些信号灯,一定要将车速降到安全线以下。

八、夜间驾驶其他注意事项

(1)夜间行驶中如遇全车灯光突然熄灭,应立即制动减速靠边停车,开启危险报警闪光灯,严禁继续行驶。

(2)夜间行驶中如遇道路施工信号灯闪烁,应减速慢行。在险要路段或路况不明的情况下,应当停车查看,确认安全后再继续行驶。

(3)夜间行驶中需要倒车或进行掉头时,必须看清进、退地形及周围安全界限,并在进退时留有余地。

(4)夜间驾驶时间过长容易疲劳,特别是午夜以后容易瞌睡。遇此情况应选择安全路段停车休息 20min 以上,待体能和精神得到适当恢复后,方可继续行驶。驾驶室有空调、暖风设备的车辆,在停车休息使用时,切忌密闭车窗,应注意通风,以免发生意外。

(5)夜间行驶与车辆交会时,如果来车未及时变换远光灯时,应立即减速,同时交替变换远、近光灯示意,切不可以远光灯对射,以防发生碰撞或翻车事故。

(6)夜间超车要特别谨慎。一般情况下,夜间应避免超车,必须超车时,应注意选择路面较宽的地段,跟近前车,并连续变换远、近光灯示意,必要时用喇叭配合,在判定被超车确实让道且允许超车时,才能超越。如果前车成列,超越时更要特别小心。发现自己的左侧有对向行驶的来车,没有足够的安全距离时严禁超车。

(7)夏季夜间行驶,要防止趋光的昆虫从车窗飞进驾驶人眼睛;应随时注意在路边、桥头附近等地方乘凉或露宿的人员动态。

(8)夜间行行或停车(图 2-7-6),应尽量避免车轮驶入路边草地,要谨防暗沟、暗坑或因路基松软而发生事故。

图 2-7-6 夜间停车

(9)夜间驾驶在高速公路行车要与前车或防护栏保持一定的安全距离,谨防追尾或碰撞。

第八节 特殊气象条件下的防御性驾驶

春夏秋冬,四季更替,给人们的日常生活增添了几分情趣,可伴随而来的雨雪、雾和刮风天气,给驾驶人安全行车构成了严重的威胁。在这种特殊气象条件下行车,驾驶人的视线变差,路面附着系数变小,非机动车和行人的动态发生变化、车辆操纵难度增加,因此驾驶人有必要了解恶劣气象对安全行车的影响,掌握安全驾驶方法,对安全行车非常必要。

一、雨天驾驶

行车中,经常会遇到阴雨天,尤其南方的梅雨季节,雨天连绵,路面湿滑,驾驶人视线受影响,车辆操控性能下降。另外行人及非机动车的动态发生变化,给行车带来许多不安全因素。

(一)雨天对安全行车的影响

(1)影响视线视野。因为下雨,风窗玻璃挂满细水珠,只能靠刮水器来改善,而且刮水效果不理想,清晰度不高,感觉模糊。由于下雨天,风窗玻璃内外存在温差,使得风窗玻璃内形成雾气,结果使风窗玻璃内有雾外有水,造成驾驶人的视线受阻,左、右后视镜上面同样有雾气和结水,对外界交通情况的观察十分不便且不清晰(图2-8-1)。

(2)增大控车难度。由于下雨,雨水和路面上的积土、油污、轮胎橡胶粉末混合在一起形成润滑剂,使路面状况变差,地面附着系数下降,行驶中易出现车轮打滑现象,造成车辆的操纵性能下降。如果是大暴雨或特大暴雨会使路肩变得松软,甚至出现塌方、路面下陷以及路面结水等,造成通行条件变差。

(3)道路险情增多。雨天行人和电动车、自行车骑车人穿雨衣、打伞神色匆忙,听觉、视觉均受影响。遇到刮风天气,对骑车影响更大,尤其对骑车人一手打伞、单手摆方向,稳定性受影响,当车辆临近会突然转向或滑倒。另外,雨天非机动车操纵性能下降,占用道路空间增加,使得原本不宽畅的通行路面变得更加狭窄,造成车辆通行更加困难(图2-8-2)。

图2-8-1　雨天风窗玻璃不清晰

图2-8-2　雨天的道路险情

(4)容易使驾驶人身心疲劳。长时间在雨中行车,驾驶人需时刻提防不测情况而造成身心高度紧张,心理压力倍增,体力、精力消耗大,易疲劳。

(二)雨天驾驶方法

1. 做好出车前检查维护

雨天行车,不但驾驶人思想要高度集中,技术水平过硬,而且还要有良好的车况,这样才能减少事故,确保交通安全。保持车辆技术状况的良好,是减少雨天交通事故的重要因素之一。所以在出车前必须按照规定严格做好检查,重点检查转向系统、制动系统等安全部件和灯光、喇叭、雨刮器工作是否正常等。另外,在雨天出车前用肥皂在风窗玻璃上打磨,可减少风窗玻璃的结水现象,改善清晰度。

2. 合理控制车速和增大跟车距离

雨天由于路面附着系数极小,制动距离延长且车轮很容易发生侧滑。在行车时应降低车速,增加跟车距离。尽量避免紧急制动,如必须降速时可用"抢挡"或用缓拉驻车制器的方式使车辆减速;避免急转向,防止车轮因转向过急而发生横滑。如必须转向时应提前,做到"早转、少转"。

雨中行车要严格控制跟车距离,并注意前车的行驶速度和方向,尽量跟随车流行进,减少超车。在狭窄的道路会车时要选择比较宽的路段,会车困难时要停车避让。

3. 注意行人非机动车动态

在大风大雨天行车,应注意风雨带来的不利因素。雨中的行人蒙头盖脸,视线不清,行动不灵,增加了行车对行人避让的难度。雨中行人,由于受雨水、雨声、雨具影响,往往对交通指挥、汽车喇叭不能做出快捷的反应,为躲雨、避水坑,忽来忽去,行走路线不定,甚至抢道占道。行人易避风避雨而横穿马路,风衣、雨具被风刮起易与车辆相刮,行车时应注意观察非机动车动态(图 2-8-3),提前预防,提前减速,并留有足够的横向间距,低速平稳通过,一方面防止骑车人横向摔倒,另一方面避免因车速过快造成结水飞溅行人。

图 2-8-3 雨天非机动车动态

4. 遇大暴雨选择地点停车

如遇大暴雨,风窗玻璃上形成溪水,路面上结水增加,使车道一片模糊,看不清行车道,最好应找安全地段停车。停车时应注意不得在河岸、堤边久停,以防路基陷塌。依山傍水处应选择安全地点,以免岩石崩裂、路基塌方及河水猛涨。平原地带停车应选择地势高、路基好的地点。

5. 雨天弯道行驶做到"减速、鸣号、靠右行"

雨天弯道(暗弯)行驶应做到"减速、鸣号、靠右行"。进入弯道前需提前减速,防止转弯时离心力过大。雨天路面附着系数小,制动应用要做到早踩、少踩,避免紧急制动,以防车辆失稳失控,便于有效地操纵。在通过一些暗弯时应适当鸣号,提前告诉弯道前方的车辆和行人,以引起注意及时避让靠右行,使双方车辆在弯道处安全会车。另外,在雨天通过弯道时要正确判断路面宽度和弯度的大小,确定合适的转向时机与转弯行驶的速度,使车辆平稳安全地驶过弯道。

二、雪天驾驶

严寒冬季行车,经常会遇到下雪或雨夹雪天气,路面结雪、结冰,车辆操控难度增加,稍有不慎,车辆有可能发生滑溜和侧滑,所以雪天行车要做到慎之又慎。

（一）雪天对安全行车的影响

1. 结雪路面不易发现路面实际情况

雪天驾驶，如路面结雪时行驶阻力增大，路面被积雪覆盖，不易发现结雪下的路面情况，驾驶人很难辨别方向。

2. 路面附着系数低，车轮容易打滑

刚下雪时道路湿滑，雪融化后会结成薄冰，路面非常滑，因此，路面附着系数低，车轮易打滑，增加车辆操控难度。

3. 雪天影响视线视野

下雪时或雨夹雪天气，空气湿度大，车辆内外温差大，极易在玻璃上冻结成冰霜或形成霜雾，严重影响驾驶视线。下雪时，飞扬的雪花或落在风窗玻璃上的雪花会影响驾驶人的视线。

4. 道路险情增多

在下雨和冰雪路滑道路上行走的行人或行驶的摩托车及非机动车，会因路滑积水频频摔倒或因车辆侧滑与车辆发生碰撞。同时，道路上的行人、骑车人，会因为下雨降温、天寒雪冻穿着厚重、蒙面遮耳、挡雪、挡雨的装备造成行动不灵活，听力、视力受影响，这些因素也都会给安全行车造成困难。

5. 雪后天晴，白雪反光造成眩目

雪后转晴，白雪地面在太阳下会有反光，非常刺眼，会造成驾驶员眩目，对驾驶人观察交通情况极为不利。

（二）雪天安全行车

1. 做好车辆检查维护

出车前要对车辆的安全技术状况进行检查，确保车辆处于良好状态，绝对不能让车辆带有故障上路。雪天长途行车时，有条件的最好在车轮上安装防滑链。雪后天晴易出现眩目时，最好戴上防护镜，以保证驾驶人在行车过程中对道路情况的观察。

2. 车辆预热，平稳起步

起步前要对车辆进行预热。在冰雪路面上起步时，要用低挡，轻踩加速踏板慢起步，慢抬离合器。不可踩踏加速踏板过猛或松开离合器过快，否则车辆轮胎打滑、侧滑、难以起步，不能急加油猛起步。

3. 加大横向间距，谨防行人摔倒

在冰雪道路上行驶时，一定要谨慎驾驶，安全礼让，加大纵向和横向行车距离，集中精力观察判断道路交通情况，发现情况时要提前采取措施，谨防行人、骑车人摔倒（图2-8-4）和周围车辆侧滑或发生事故，造成措手不及。

4. 合理选择行驶路线，尽量沿车辙行驶

在有积雪的道路行车（图2-8-5），为预防积雪反射引起眩目，驾驶人可以佩戴墨镜。当路面被积雪覆盖或道路轮廓难以辨别时，可根据路边树木、电线杆等参照物判断行驶路线，控制车辆低速行驶。在有车辙的路段要循车辙低速行驶。遇路况可疑时要应停车察看，确认安全后再继续行驶。需要减速或停车时,要提前慢松加速踏板,换入低速挡,利用发动机的牵制力降低车速,制动时需用间歇性制动(俗称点刹)。要避免紧急制动和急转方向。遇陡上坡时,应尽量保持直线行驶,千万不要采取曲线行驶的方式来提高车辆的爬坡能力。曲线行驶由于车身不正,更易发生车辆侧滑甩尾。

图 2-8-4　行人、摔倒

图 2-8-5　积雪道路

5. 注意桥梁,防止溜车

雪后,因为缺乏地温,桥梁路面容易结冰,行车中要保持高度警惕,须降低车速,增加跟车距离,防止前车溜车时避让不及发生追尾。

三、雾(霾)天驾驶

在影响交通安全的诸多环境因素中,雾天或雾霾是最为恶劣的气候条件,发生的交通事故比其他气候条件下要多得多。

(一)雾(霾)天的交通特点

(1)雾天的能见度低(图 2-8-6),驾驶人视距变短、视野变窄,驾驶人很难及时发现前方的障碍物和道路两侧情况;再加上驾驶室内外温差,前风窗玻璃常常产生水汽,使驾驶人原本不好的视线变得更模糊。行车的安全隐患随之增加,容易发生交通事故。浓雾天时方向难辨,行进中很难看清前方障碍(如慢行车、行人、故障车、凹坑等),容易发生交通事故。

图 2-8-6　雾天能见度低

(2)路面湿滑,车辆的制动性能下降,制动距离增加,车轮易出现打滑,增加车辆操控难度。

(二)雾(霾)天驾驶方法

(1)出门前,应将风窗玻璃、前照灯和尾灯擦拭干净,检查车辆灯光、制动等安全设施是否齐全、有效。另外,在车内一定要携带三角警示牌或其他警示标志,遇到突发故障停车检修时备用。

（2）正确使用灯光，雾天行驶，要使用防雾灯，要遵守灯光使用规定：打开前后防雾灯、尾灯、示宽灯和近光灯，利用灯光来提高能见度，看清前方车辆及行人与路况，也让别人容易看到自己。需要特别注意的是，雾天行车不要使用远光灯，这是由于远光偏上，射出的光线会被雾气反射（图2-8-7），在车前形成白茫茫一片，驾驶人反而什么都看不见了。

（3）严格控制车速，雾中行车时，一定要严格遵守交通规则限速行驶，千万不可开快车。雾越大，可视距离越短，车速就必须越低。

（4）保持安全车距。在雾中行车应该尽量低速行驶，尤其是要与前车保持足够的安全车距，不要跟得太近。要尽量靠路中间行驶，不要沿着路边行驶，以防与路边临时停车、等待雾散的车相撞。

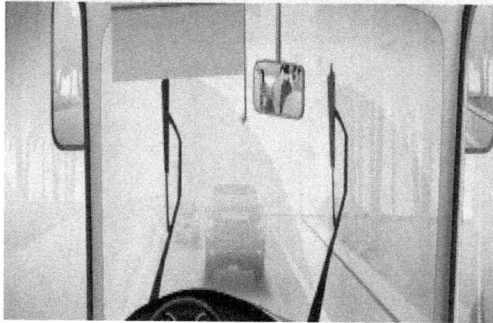
图2-8-7　雾气反射

（5）切忌盲目超车。如果发现前方车辆停靠在右边，不可盲目绕行，要考虑到此车是否在等让对面来车。超越路边停放的车辆时，要在确认其没有起步的意图而对面又无来车后，适时按喇叭，从左侧低速绕过。

（三）雾天行车安全提示

（1）雾天跟车，不能以前车尾灯作为判断安全距离的依据。

（2）慎用后雾灯，建议能见度低于50m时使用，以防造成后车驾驶人眩目。

（3）雾天跟车距离过近，容易发生追尾事故，因此，驾驶人一定要控制车速，加大与前车的安全距离。

四、大风、沙尘天气行车

沙尘天气往往是狂风大作、黄沙满天的恶劣天气，驾车人视线受到影响，周围环境、行人、非机动车随时都有可能出现意想不到的情况，极易发生交通事故。因此，风沙天气，谨慎驾驶就显得尤为重要。

（一）大风沙尘天气交通特点

1. 风沙对驾驶人观察不利

在大风沙尘暴天气，往往会有沙尘飞进驾驶室，影响驾驶人的呼吸，干扰和妨碍驾驶人的观察。

2. 增加驾驶人操控难度

大风天气时，道路情况也比较复杂。吹起的沙石、瞬间的沙尘暴、路面遗留的物体等，会影响车辆的正常通行。大风有时甚至会吹断道路两侧行道树的树枝，影响车辆的正常通行。侧面横风会使车辆发生横向偏移，影响车辆的稳定性，增加驾驶人操控难度。

3. 交通情况复杂多变

大风对行人、骑自行车人的影响较大，他们可能会突然失控。大风中，有的行人会加快脚步狂奔乱跑,或被风沙侵入眼中站在路中揉眼,有的骑自行车人会摇晃不定,甚至翻倒,造成危险。

(二)大风沙尘天气驾驶方法

1. 紧闭门窗,谨慎驾驶

大风中行驶,应该尽量关严车窗,以防沙尘飞进驾驶室,使驾驶人迷眼,影响驾驶人的呼吸和观察。

2. 集中精力,注意行人、非机动车动态

遇风沙天气(图2-8-8)要随时注意行人乱跑,自行车抢行,乱钻猛拐和摔倒等突发情况,在灰尘较大的公路上行驶,要注意行人为躲避尘土而抢上风,此时应适当减速,尽量少扬起灰尘。坚持中速行驶,谨慎驾驶,密切观察道路情况,严禁超车逆行。在经过路口或机动车、非机动车以及行人混行的道路时,应该及时减速,提防行人、非机动车。

图2-8-8 大风沙尘天气

3. 正确使用灯光

大风天气行驶,要使用防眩目近光灯,不宜使用远光灯,以免因出现眩目、光幕反射而影响视线。

4. 控制行车间距

大风天气往往伴随着灰尘,会影响视线等,所以应注意保持安全车距。另外,要注意车辆的横向稳定性,尽量减少超车。

5. 顺风行驶,减速行驶

车借风势即顺风行驶时车跑起来比平时更加轻松,所以制动距离也会因此延长。因此,在跟车行进时,要注意拉大与前车的距离,以防追尾。纯粹的顺风情况出现得不是很多,而且它的影响也相对较小,这时注意把日常驾驶过程中的判断过程提前,留出更大的余量以免发生事故。

6. 逆风行驶,加速行驶

逆风行车时车辆有动力不足的感觉,特别在上坡路段,感觉更为明显。为抵消风力作用,适当加速。逆风行驶时,还应注意风向突然改变或道路出现较大弯度,阻力减小而使机车速度猛然增大,失去控制而发生意外。

7. 路遇侧风,握稳方向

车辆在高速行驶时,遇到侧风,车身被阵风推搡,会不停地左右晃动,转向盘也会向风头方向偏转着一个角度,两个前轮被阵风吹得不停地摇摆,行驶方向每时每刻都在不停调整之中,驾驶人会感到车辆突然跑偏、车身摆动等现象,这时一定要紧握转向盘,既不能抱得太死,也不能任其摆动,保证车辆慢速直线行驶,并且缓慢制动,降低车速,减小侧风的影响。

8. 遇弯道及时修正方向

遇到转弯改变行进方向时,车身迎风的方向也在改变,在风力的不同影响下,要及时调

整驾驶。车速过快时转弯,车头会不按照驾驶人的意图转弯而继续向前推去,此时只需松开加速踏板,轻点制动踏板便会使车回到正确的轨道上来。若转向角度过大,可略回一下转向盘,便可消除转向不足的现象。如果汽车甩尾,会有可能偏离轨道撞上路基,这时应向车尾甩出的方向打转向盘,前驱车可略加速,车子便会回到正确轨道上来。

9. 滑坡或落石,注意避让

大风天气在山区公路行驶时,滑坡或落石的概率相对增大。在最有可能出现落石的地段,每开一段路,都应把头探出车窗,看看山顶有没有将要坠落的石头。在行进途中,前方有滑坡或落石时,应该及时停车;车后有滑坡或落石时,应该加速通过。

10. 跟车行驶,注意后车

在大风天气行驶时,还应避免跟车过紧,尤其是避免长时间跟随在大型货车附近。大风容易造成大型货车尤其是超载货车失控或上面的货物倾覆,如果距离过近极易发生危险。风天驾驶,驾驶人一般都会关闭车窗,加上风声影响,对车后超车的鸣喇叭声很难听见,这就需要每隔一段时间用后视镜观察一下车后。如有来车要超车,应及时避让。在风沙天气,应尽量少超车,最好不超车,确保安全。

五、高温天气的防御性驾驶方法

高温天气,太阳炙烤,路面温度急剧上升,炎热的天气与刺眼的阳光让车主变得心情烦躁,诸如此类各种不利因素,导致驾车的危险性随之加大。

(一)高温天气的交通特点

1. 高温下车辆运行条件的变化

(1)气温高,使得空气密度相对减小,发动机充气系数降低,导致发动机功率下降。

(2)高温天气,发动机容易过热,产生爆燃,润滑油变稀,使发动机机件磨损加剧。冷却液温度升高,冷却液管易爆裂。

(3)高温天气下,轮胎受热膨胀,轮胎气压过高,加上高速行驶,遇到杂物碰撞等就会有爆胎的危险。因为轮胎在长时间行驶所积累的热量,严重时易发生轮胎自燃。

(4)机械故障增多,如制动盘和制动摩擦片由于摩擦发热,使制动距离延长,高温时会由于制动液的蒸发,使局部制动系统管路内产生气阻,制动系统中的密封件和皮碗因受热膨胀,机械强度降低;蓄电池电解液受热蒸发加剧。

2. 高温条件下对道路的影响

(1)我国目前的公路大多是沥青路面,高温下路面会出现变形、裂缝、表面功能损坏,常见的有沉陷形成车辙、泛油融化、开裂、表面剥离等现象。

(2)烈日的暴晒让沥青路面产生"虚光",造成速度感觉失真,使驾驶人做出错误的判断。

3. 高温条件下对人和环境的影响

(1)高温天气容易使人烦躁。会导致驾驶人注意力不集中,若遇突如其来的危险情况就会避让不及。高温易使驾驶人夜间睡眠不足,容易产生精神疲劳。

(2)城镇和公路沿线道路两旁乘凉的各类行人较多,情况复杂。

（二）高温气候条件下驾驶方法

（1）高温气候条件下驾车首先要做到充分休息，保证有充沛的精力和体力。

（2）要注意防止发动机过热。应随时注意水温表指示读数，不要超过95℃，如温度过高，要选择荫凉处停车降温，掀开发动机罩通风散热，并检查冷却液的数量和风扇皮带的张力。如冷却液沸腾（"开锅"）时，不可马上停车熄火和急于添加冷水，而应以怠速运转，待温度稍下降后再熄火加水，以防发动机炸裂。

（3）发现轮胎气压过高，应选择荫凉处停息，使胎温自然下降，胎压恢复正常再行驶。切勿用放气或泼冷水的方法降温、降压，以免缩短轮胎寿命。遇到涉水，必须待胎温降低后进行。

（4）行驶在山区的车辆，在下长坡时，要注意防止制动鼓过热而影响制动效果，所以要注意途中停车休息，待其降温后，再继续行驶，以保证制动性能良好。

（5）经常检查蓄电池的液面高度，并及时添加蒸馏水；对液压制动的车辆则应检查总泵的液面高度，并按规定加足。

第九节 不安全驾驶行为原因分析及其习惯纠正

案例情景

2012年10月7日11时44分，山东省济南市商河县长途汽车运输公司驾驶人牛××驾驶鲁A969××大客车，自东向西沿青银高速公路行驶至淄博路段，在超越同向右侧车道一辆大货车时，突遇山东省高密市王××驾驶鲁GJ03××小客车从两车间强行超车并线，导致鲁A969××大客车与鲁GJ03××小客车刮擦后，失控冲过中央活动护栏，与对向济南旅顺旅游汽车有限公司驾驶人周××驾驶的鲁A185××大客车发生碰撞，致鲁A185××大客车翻入高速公路边沟，造成14人死亡、6人重伤。

案例分析

现实中，很多客车驾驶人都与王××存在同样的问题，因为自己的不安全驾驶行为短期内没有造成交通事故就不足够重视，久而久之，不安全行为就成了一种习惯，进而引发重大交通事故。

一、客车驾驶人常见的不安全驾驶行为

人是交通安全的主导因素。交通安全关键在于人，人对交通安全有什么样的态度，就会有什么样的结果。事故统计数据表明，有80%～85%的交通事故是由人的因素造成的。在各类交通参与者中，驾驶人至关重要。影响客车驾驶人的不安全驾驶行为因素较多，既有短时因素又有持续因素，短时因素包括疲劳、情绪、酒精作用、药物作用、病理作用等，持续因素包括智力、驾驶技术和驾驶习惯、个性与态度、身体病残、感知缺陷等。因此，不安全驾驶行为习惯的形成是长期积累的，客车驾驶人常见的不安全驾驶行为见表2-9-1。

客车驾驶人不安全驾驶行为   表 2-9-1

不安全驾驶行为类型	不安全行为表现
无证驾驶	1. 无驾驶证; 2. 无道路客运从业资格证; 3. 无道路运输证; 4. 未取得或随车携带企业规定的准驾证以及派车人员签发的路单等证件
超速行驶	1. 增加客车制动距离; 2. 驾驶人的视野变窄、反应时间延长; 3. 车辆行驶时的操纵稳定定性下降; 4. 车辆在弯道超速时,离心力增大,易出现车辆侧翻; 5. 长时间高速行驶轮胎等安全部件易出现性能异常
酒后驾驶	1. 影响观察判断能力; 2. 降低驾驶人反应速度; 3. 降低车辆操控能力; 4. 车辆误操作增多
超载超限驾驶	1. 损害车辆机件,影响车辆操纵性能; 2. 车辆有侧翻的风险; 3. 导致车辆动力不足,增加事故危害程度
疲劳驾驶	1. 视力下降,注意力分散; 2. 反应变慢,判断力下降; 3. 处理措施迟缓,操控能力下降
未系好安全带	1. 伤亡率升高; 2. 易发生二次碰撞; 3. 易受到安全气囊的伤害
未按规定让行	1. 与行人、其他车辆行车交通冲突,为行车埋下安全隐患; 2. 驾驶人集中精力抢行,忽视了交通状况的全面观察; 3. 影响特种车辆执行任务
违法占道行驶	1. 紧急情况下返回规定行驶的道路,易发生碰撞; 2. 与对向来车形成交通冲突; 3. 盲目占道行驶,使其他驾驶人难以准确判断其驾驶意图
驾驶带病车辆	1. 影响车辆操纵性能; 2. 引发制动、转向等失效或爆胎危险
违反交通信号	1. 违反交通信号指示,为行车埋下隐患; 2. 内心紧张、不能全面观察交通情况; 3. 对危险隐患视而不见,不能提前预知险情
不良驾驶习惯	1. 行车过程中使用电话; 2. 行车时吸烟、喝水、吃东西; 3. 行车时与乘客交谈

续上表

不安全驾驶行为类型	不安全行为表现
驾驶人操作不当	1.车辆行驶路线与位置不当； 2.转向控制不当； 3.制动操控不当； 4.挡位使用不当
其他违法违规行为	1.违法超车； 2.违法会车； 3.违法变更车道； 4.违法掉头； 5.违法逆向行驶

二、客车驾驶人不安全驾驶行为的原因

纵观庞大的客车驾驶人群体,存在的不安全心理因素主要有以下几个方面:

(一)客车驾驶人的人格因素

个体在行为(图 2-9-1)、感觉和思维等方面呈现出的个体差异被称为人格。在道路交通当中和不安全驾驶相关联的人格主要就是冲动性、易怒特质和感觉寻求。

图 2-9-1　个体行为

(1)冲动性主要表达出了个体控制自己行为和思维的程度。冲动性很容易导致道路交通事故,因为它能够在一定程度上影响到攻击性违章和一般违章。

(2)易怒特质的人在追求自己目标的路途中,感受到的挫败感会很容易转变成为对外的攻击行为。道路行驶过程中,当驾驶人受到了挑衅或者是感觉到了挫败,就很容易会做出具有攻击性质的驾驶行为。

(3)感觉寻求指的是个体对各种感觉和经验的一种寻求需要。这种特质的关键就在于对新鲜刺激的寻求和对环境进行探索的一种乐观倾向。在不安全驾驶当中,感觉寻求算是一个很直接的因素,感觉寻求一般也会受到其他因素的调节影响从而造成不安全驾驶。

(二)驾驶人的认知因素

驾驶人的认知因素主要是乐观偏差和控制错觉。

(1)乐观偏差是指驾驶人的一种侥幸心理。有这种心态的人认为那些不幸的交通事故不会降临到身上,往往不遵守交通规则,缺乏安全意识,多数表现为明知故犯。在他们看来,违章不一定出事。

(2)控制错觉是指驾驶人认为自己驾驶技术高超那些不幸的交通事故不会降临到身上而侥幸驾驶,从而造成不安全驾驶。

（三）环境因素

在道路上行驶的过程中,环境当中的不同因素都会影响到客车驾驶人的行为。最主要的几种因素是乘客和时间压力等直接因素以及文化因素等间接因素。

（1）乘客效应。客车驾驶人会根据乘客的年龄、性别、家庭因素等来判断自己的驾驶行为,当车上有家庭成员,就会降低驾驶速度,安全行驶,如果乘客少、年轻的驾驶人就会表现出更多的不安全行为,存在更多的事故隐患。

图2-9-2　车辆保养

（2）受客运班线和运行时间紧等的影响。客车驾驶人较少去考虑违章的利弊关系,从而做出违章行为的概率会明显增加。最常见的就是超速。交通拥堵,大城市当中私家车越来越多,因此也导致了堵车状况常见的情况发生。缺乏车辆保养（图2-9-2）,部分客车驾驶人工作图省事,能凑合就凑合,宁愿冒点险,也不愿按操作规程去办事,即使发现车辆有故障,也冒险继续行驶。

三、客车驾驶人不安全驾驶行为习惯纠正方法

对于驾驶人来说,不安全的驾驶行为一旦养成,轻则导致道路上交通事故,重者会导致家毁人亡的重大交通事故,不安全驾驶行为习惯的形成是长期积累的结果,因此,不安全的驾驶行为的纠正往往需要一段时间,需要持续改进。

（一）不安全驾驶行为习惯纠正技术流程

不安全驾驶行为习惯纠正技术流程图如图2-9-3所示。

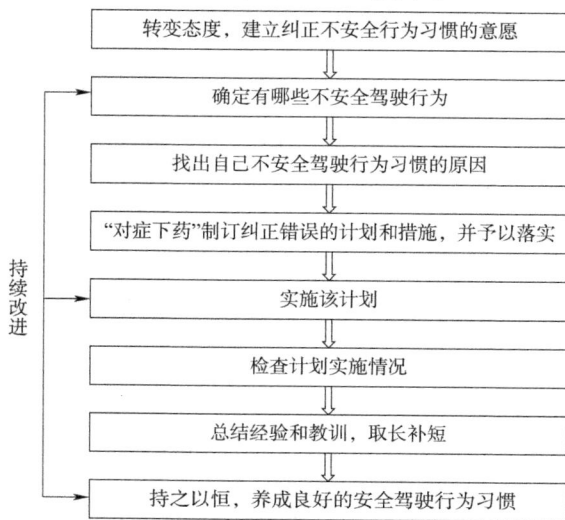

图2-9-3　不安全驾驶行为习惯纠正技术流程图

(二)不安全驾驶行为习惯纠正的方法

要想更好地预测不安全驾驶行为,就要首先明确不安全驾驶的一些特征,然后找到与其相对应的预测源来进行预测。同时对于行驶中的驾驶人来说,获得的行为信息越多,其自身能够预测到的风险就会越高,对于驾驶人本身来说,每个人的生命都只有一次,因此要更加珍惜自己的生命,遵守交通规则,集中精力行驶,不光是对别人负责,对自己负责,也是对自己的家人负责。

对于一个驾驶人,存在不良的驾驶行为并不可怕,重要的是要有纠正的意识与决心,要想纠正不良的驾驶行为,就要针对每个不良驾驶行为,制订对应的纠正计划与改变措施。持之以恒,就能彻底纠正危害自身生命安全的不良驾驶行为。

客车驾驶人不安全驾驶行为习惯纠正的方法见表2-9-2。

客车驾驶人不安全驾驶行为习惯 表2-9-2

常见不安全驾驶行为	您是否有此行为? 是√,否×
无证驾驶	
超速行驶	
酒后驾驶	
超载超限驾驶	
疲劳驾驶	
未系好安全带	
未按规定让行	
违法占道行驶	
驾驶带病车辆	
违反交通信号	
争抢车道	
逆行	
违法变更车道	
违法掉头	
…	

注:不安全驾驶行为中划"√"的项目越多,说明您的风险越大,需要纠正的紧迫性越高。

任何一起事故的背后肯定有几百次违法行为或不安全驾驶行为,第一次没事、第二次没事,第三次也可能没事,但总有一天可能因为这个不安全行为引发交通事故。

1. 分析原因,勤学苦练

以驾驶带病车辆为例,列出驾驶人带病驾车的各种原因,对照表2-9-3找出带病驾车的原因。

纠正不安全驾驶行为   表 2-9-3

驾带病车辆原因	此项是您驾驶带病车辆的原因吗？是√,否×
缺乏安全责任感,心存侥幸,思想麻痹	
懒惰思想严重,不能按时、按程序对自己驾驶的车辆技术状况进行检查	
片面强调任务重,忽视车辆保修	
推诿责任,今日推明日,小病坚持,大病上路再看,走到哪里算哪里,对车辆技术状况心中无数	
缺乏技术鉴定技能,对车辆部分机件技术状况鉴定不准,技术数据不清楚,各部位间隙不知道,即使车辆出了故障也看不出来	
缺乏主人翁意识,车是公家的,不是自己的,能开就开	
认为自己驾龄长,驾驶技术比较好,错误地认为能够弥补车辆故障带来的不利因素	
出车前、行车中、收车后缺乏车辆的安全检视	
车辆故障后,缺乏专业维修	
其他	

确定了驾驶带病车辆的原因后,就可以针对原因制订纠正计划和措施了,针对表 2-9-3 中各种驾驶带病车的原因提出纠正计划和措施,实际应用时,还可以根据自身特点添加一些相应的纠正计划和措施,见表 2-9-4。

纠正计划和措施   表 2-9-4

纠正计划和措施	第 1 轮纠正		第 n 轮纠正	
	你做到了吗? 是√,否×	经验教训	你做到了吗? 是√,否×	经验教训
列出驾驶带病车辆的危害,时刻提醒自己				
平时多看一些驾驶带病车辆的驾驶事故新闻和视频,认识其危害性				
计算一下驾驶带病车引发事故带来的损失				
坚持每日出车前、行车中、收车后的例行安全检查				
定期参加车辆检测、按照车辆使用说明定期对关键部件进行保养维护,可以及时发现车辆存在的问题,提高车辆的技术性能				
加强学习,掌握车辆的技术状况				
拒绝超载,不违规操作,保持车辆性能完好				
牢固树立安全第一的观念,坚决不驾驶带病车辆上路				
行车中发现故障及时与单位管理者沟通及时处理				
积极参与各种培训活动,提升自身职业素质				
其他				

注:第 n 轮纠正"你做到了吗",全部为"√"时说明纠正成立。

2. 提高法制意识、强化安全意识

驾驶人的安全意识对于公路安全至关重要，要特别重视驾驶人的安全驾驶，运用各种形式和手段学习《中华人民共和国道路交通安全法》《驾驶员安全行车手册》《机动车驾驶员职业道德规范》等，加强对客车驾驶人安全行车法律教育、安全行车观念教育、安全行车警示教育、安全行车知识教育、安全行车职业道德教育等，通过教育、管理，使驾驶人熟练掌握和遵守交通法律和相关的规章制度，自觉服从交通管理，知法、懂法、守法、依法从事安全驾驶。树立安全第一的思想。在参加安全教育学习时要注意总结各类交通事故的教训，使自己充分认识在驾驶操作中自身存在的不安全驾驶行为习惯，从而端正心理状态，做到文明驾驶。

3. 安全活动促使客车驾驶人的安全意识由被动到主动

交通事故（图2-9-4）时常发生，威胁人民群众生命财产，通过案例分析法对驾驶人进行安全驾驶思想的灌输，用血的教训让客车驾驶人感同身受，能让他们明白在开车的时什么是该做的，什么是不该做的。如果自身麻痹大意，安全意识不强就会造成安全隐患，不仅造成对自己极大的经济损失，还有可能就此失去宝贵的生命，从而引起客车驾驶人高度重视。看着鲜活的生命葬送到违法事件中，能够唤起驾驶人珍爱生

图 2-9-4 交通事故

命、安全第一的意识，在众多的交通事故造成家破人亡、人财两失的巨大悲痛事件中，驾驶人能够深刻意识到自身的使命感和责任感，促使自己以严肃认真的态度来纠正不安全的驾驶行为习惯，强化安全驾驶，预防和拒绝各类交通事故的发生。

4. 注重对良好心理素质的培养

由于职业的客车驾驶工作枯燥乏味，容易引发心理疾病。客车驾驶人心理状态对行车安全有直接的影响，不同能力、气质和性格的驾驶人要根据自身的心理特征，开设驾驶心理咨询室，加强心理素质训练，减轻心理障碍，控制不良情绪，注重心理健康，正确认识事故出现的偶然性与必然性和预测行车事故的必要性和可能性关系，为消灭事故增加信心。作为一名现代汽车驾驶人，要不断提高自己的文化品位，加强自身修养，提高心理承受能力。只有具备良好的心理素质，才能在真正驾驶过程中控制自我，超越自我，克服消极情绪，克服不良心理，做到安全第一，安全行车。

第三章　旅客运输紧急情况临危处置知识

教学目标

道路旅客运输驾驶人应掌握紧急情况应急处置原则;掌握事故发生后的报告程序、内容和处理方法;掌握事故发生后的脱困方法。

第一节　常见紧急情况的处置原则和方法

在日常行车时,会经常碰到各种突发的紧急情况,往往令人措手不及,如果处理不当会导致事故发生。紧急情况通常指发生的事情是不可预见的或突发的,并带来危险,需要立即采取应对措施,尽力控制。有数据显示,交通事故中造成人员伤亡和财产损失的主要原因,一是超速行驶,二是应对措施不当。临危应急处置是驾驶人规避险情和减轻损失的关键技术,面对道路客观条件的不断变化,险情随时发生。这就要求驾驶人必须具备处理突发紧急情况的知识和及时、有效的应变处置能力,在遇到各种危险和紧急情况时,才能采取有效的应急处置措施,从而减轻甚至避免事故的危害。

一、紧急情况临危处置的重要意义

交通事故的破坏性表现在对人民的生命财产和国家经济社会发展造成严重影响和损失,给肇事者自身、受害者家庭和社会带来巨大的危害,对社会和谐稳定造成影响。在驾驶汽车过程中,往往由于道路客观条件的突然变化,会发生意想不到的紧急情况,如果驾驶人能临危不乱,处理得当,就能有效地规避危险或成功逃生,可以最大限度地减轻经济损失或避免事故的发生。涉及行车安全的诸多因素中,人的因素起决定性作用。所以作为一名合格的驾驶人必须具备良好的心理素质,掌握各种突发紧急情况下应急处理措施,在遇到危情时具有沉着、冷静的心态和行之有效的超强处置能力,才能降低汽车行驶过程中遇到紧急事态时的事故发生率,从而减少交通事故给人们带来的伤亡和财产的损失。总之掌握紧急情况临危处置方法,使我们在享受汽车带来的便利和舒适的同时,可以有效预防行车事故,对保证行车安全具有重要意义。

二、紧急情况临危处置原则

在行车途中,由于道路、天气、环境等客观条件的突然变化,会发生各种突发的、毫无征兆的紧急情况。如果采取的应急措施得当,就可以有效地规避事故风险,从而减轻损失或免除事故的危害;若采取不当的措施,则会加大事故的损失和危害。所以,驾驶人在遇到紧急

情况应对危机时,应遵循下列原则:

(一)冷静判断,果断处置

(1)驾驶人遇到紧急情况,要保持良好的心态、清醒的头脑,冷静分析,迅速判断。这是应对突发险情的先决条件。

(2)无能遇到什么紧急情况,驾驶人如果惊慌失措、犹豫不决或抱有侥幸心理,往往会酿成事故的发生,造成重大人员和财产损失。所以当危情发生时,驾驶人务必要沉着冷静,在短暂的瞬间,做出准确分析和判断,并迅速、果断地采取有效的应急措施,完全可以避免或降低事故的危害。

(二)及时减速,控制方向

(1)遇到紧急情况,首先最有效的措施是减速、停车,只有当减速后仍然不可避免相撞时,才采取打方向避让的措施。

(2)如果紧急情况发生时,在车速较低,且道路交通条件允许的前提下,应考虑先转向后制动,驾驶人可以运用转向来避开前方障碍物,相比直接停车处理效果好得多。在考虑优先运用转向、避免碰撞的同时,还要采取必要的减速措施。

(3)车辆高速运行时若发生紧急情况,如果首先转动转向盘,尤其是急转方向,极易造成车辆侧滑或倾翻的事故,往往使本可避免的事故无法避免。驾驶人应先采取制动减速措施,努力使车辆在碰撞前停下或处于低速运行状态,在低速时若仍然不可避免碰撞,可以采取转向避让措施,或选择较轻的碰撞形式,尽量减少撞车损失。

(三)先人后物,先人后己

(1)遇到紧急情况危及人员伤亡时,应当遵循"以人为本"的原则,优先考虑保护人的安全,先人后物,尽可能消除威胁人身安全的因素。在紧急情况下,将车辆驶向远离人的一侧避让,宁可财产损失也不伤人,因为人的生命是无价的。即使车辆避让不开与障碍物发生碰撞,也要尽最大努力保护人员免受伤害。

(2)要有牺牲自己生命保护他人安全的奉献精神,在关键时刻和紧急关头,能果断地把方便和安全让给他人,把困难和危险留给自己,显示出良好的职业操守和高尚风范。

(3)驾驶客运车辆发生事故后,驾驶人应组织乘客迅速脱离危险区域,帮助乘客自救、互救,绝不能弃乘客生命而不顾。

(四)避重就轻,减轻损失

(1)危急关头,事故轻重、损失大小的选择应以避重就轻为原则。在车辆避险时,驾驶人要有权衡轻重、分清主次的意识,如将车辆驶向损失较轻、危害较小的一侧,或将车辆驶向情况简单、人员较少的一侧,尽量将损失减少到最低程度。

(2)一旦情况紧急,为了避免重大事故、重大损失的发生,应当直接将车辆冲入避险车道,将损失降低到最低限度。

三、制动失效的临危处置方法

车辆制动失效,意味着速度失控。引起车辆制动失效的原因是制动系统无法对汽车施加足够的制动力,包括制动液管路液位不足或进入空气、制动管路气压不足、制动器无法正常工作、制动控制系统故障等原因都会导致出现制动失效,由此引发的交通事故往往非常严重,造成的人员和财产损失也比较大。这时,驾驶人要保持清醒的头脑,集中注意力,保持汽车正确的行驶姿态,采取正确地应对处置措施,可最大限度地减少和避免事故的发生。

(一)保持冷静,正确判断

行驶中发现车辆制动失灵后,驾驶人首先要保持沉着冷静,按照"先人后物,避重就轻"的原则,注意观察路面情况,特别是前方的车辆、行人以及障碍物。握稳转向盘控制住方向,松抬加速踏板,实施发动机制动,然后判断制动失灵故障是车辆自身还是其他原因造成的。

(二)开灯鸣号,警告他人

如果判断出是由于车辆自身故障引起的制动失效,此时应当立即打开危险报警闪光灯,并按喇叭鸣提醒周围车辆的驾驶人和行人注意车辆的动向。可以有效减小受伤害的范围。

(三)反复踩踏制动踏板

对于液压制动车辆,可采用连续踩踏制动踏板的方法(图3-1-1),这样可以帮助恢复制动系统中的压力,使制动系统恢复正常。如果有时间的话,可以多尝试几次这样的操作。

图3-1-1 连续踩踏制动踏板

(四)驻车制动,辅助减速

可应用驻车制动器来减速。在拉驻车制动器操纵杆时,不能一下全部拉起,要缓慢而稳定地进行。如果快速拉起驻车制动器操纵杆,很容易导致车辆失控,发生危险。对于配备电子式或脚踏式驻车制动的车型,则不建议采用驻车制动辅助减速的做法。

(五)强制降挡,降低车速

根据道路地形和条件,特别是驻车制动器也失效的情况下,还可采用高速挡向低速挡"抢挡"的方法控制车速,利用变速器与发动机配合工作时齿比的变化,增大发动机的制动力来遏制车速。如果车速很快,可能没有办法直接挂入低速挡,那么可以随车速的变化迅速逐级或越一级减挡,直到抢入最低挡位。因进行上述操作时采用的是强制降挡,会对变速器造成一定影响。

（六）寻找障碍，进行缓冲

如果下坡时制动失效，尤其驾驶手动变速器的车辆时，使用上述的方法都不能使车辆有效减速，那么只好采用"极端"方式，即利用一切可以利用的障碍来缓冲，增加摩擦力达到减速目的。在寻找能够阻拦车辆的障碍物时，要能够预估出碰撞之后的后果，采取这样的操作之前还要选好角度，做好心理准备并握稳转向盘，不到关键时刻绝不能用此法。

缓冲方法有以下几种：

（1）利用摩擦力缓冲。土路和砂石路都是比较理想的缓冲路段，可以利用这样的路面使车辆逐渐减速。

（2）利用护栏缓冲。一般的高速路段和山区公路两边都会有护栏保护，可以借助护栏的摩擦力使车辆减速，但要注意提醒车内的乘客，不仅要系好安全带，而且还要注意预防车窗碎裂伤人。操作此方法时切忌贴靠护栏过度，容易造成车辆倾翻。

（3）利用地形减速。观察路边有无可利用坡道，如有可能将车辆驶向上坡的道路来缓冲车速，帮助停车。

（4）利用道路边专设的避险车道（图3-1-1）。在山区公路和高速公路一般设有紧急停车道，可减速停车。停车后，应拉紧驻车制动器操纵杆，防止溜车或发生二次事故。

（5）利用天然障碍物。如果上面的条件都不成熟，应果断地将车厢碰擦路旁的岩石或树木等障碍，或用前保险杠侧面撞击山坡，给车辆造成阻力，迫使车辆停车，确保车辆不发生倾翻，将损失降低到最小。驾驶人操作前迅速提醒车上乘客向另一侧或车辆中间靠拢，并要求乘客抓住车内固定物稳住身体，以免受到冲撞受伤。

（七）安全停车，及时处理

将车速减下来后，应选择一个安全的地带停车。如果不能完全将车辆停住，尽量靠边缓行，避免再撞到其他车辆和行人，停车后，对制动系统进行检修或调整。如果无法现场维修，可用硬拖法将汽车拖往修理厂检查维修。

四、转向失控的临危处置方法

转向系统对车辆的行驶安全至关重要。当转向机构中有零件破裂、脱落、卡滞时，会使转向机构突然失控，致使驾驶人无法控制车辆转向。转向失控包括转向失灵和转向失效两种状况，无能哪种情况对行车都极其危险。要求驾驶人沉着冷静，果断处理，不可惊慌失措，否则将导致危险程度加剧。

（一）转向失效

转向失效表示车辆完全丧失转向能力。

（1）车辆高速行驶时，在转向失效情况下，不可使用紧急制动来降速，否则易发生侧滑，造成车辆倾翻。应迅速松抬加速踏板，利用发动机制动降速，将挡位抢入低速挡；均匀而有力地拉紧驻车制动器操纵杆进行辅助制动。当车速明显降低时，再轻踏制动踏板减速，缓慢停车。若是客运车辆，驾驶人应告知旅客不要惊慌，迅速抓住车内的固定物，做好自我保护措施。

(2)转向突然失控后,若车辆和前方道路情况允许保持直线行驶时,也不可使用紧急制动,最有效的方法是平稳制动,尽量选择安全地点停车。若车辆偏离直线行驶方向,应果断地连续踩踏、放松制动踏板,即运用"点刹"的方法,使车辆尽快减速停车。

(3)当车辆转向失控,行驶方向偏离,事故已经无法避免时,要果断地采取紧急制动,也可果断地采取连续踩踏、放松制动踏板的制动方法,尽快减速,极力缩短停车距离,减轻撞车力度,减小事故损失。

(4)在采取应急措施的同时,应及时发出警示信号,如开启危险报警闪光灯,开前照灯、鸣喇叭或挥手示意。提醒道路上其他车辆和行人注意避让。

(二)转向失灵

转向失灵表示车辆在一定程度上丧失转向效能。具体表现为转向不足和转向过度现象。

(1)转向不足是指车辆转向时,实际转向角度还没有达到转向盘所转的角度就发生侧滑,此时车辆前轮会出现向外侧的滑动,驾驶人松抬加速踏板,轻踩制动踏板来降低车速,车辆便可恢复正常运行,严禁猛踩制动踏板或继续转动转向盘。转向过度是指车辆转向时,实际转向角度大于转向盘所转的角度。若车辆转弯出现转向过度情况,车辆后轮会出现向外侧的滑移,应缓慢松开加速踏板或轻踩制动踏板以降低车速,将转向盘朝车尾滑动的一侧转动,当车辆开始回归正常行驶轨道时,立即回正转向盘。我们在实际驾驶车辆运行过程中发现转向突然失灵后,应当及时采取措施尽快减速,靠右谨慎行驶,并选择安全地点停车检查原因。

(2)装有动力转向的车辆,驾驶人突然发现转向困难,操作费力,多是由于转向助力器等部件出现故障。在这种情况下也应尽快靠右减速行驶,选择安全地点停车,查明原因。如果车辆还可实现转向时,在保证安全的前提下应减速,换入低速挡将车开到附近修理厂检查维修。

(3)因转向失控,而采取措施使车辆停稳后,驾驶人应当及时开启危险报警闪光灯,将车辆移至不妨碍交通的地方。若车辆难以移动的,应当在来车方向设置警告标志扩大警示距离,并报警或寻求援助。

五、车辆爆胎的临危处置方法

轮胎是车辆行驶系的主要部件。由于车辆突然爆胎导致的交通事故时有发生,爆胎已成为安全行车的一大隐患。车轮爆胎主要原因是车辆严重超载、轮胎磨损过度、胎压过高或过低等。在行驶过程中如遇轮胎突然爆胎,车身将立即倾斜,转向盘随之以极大的力量自行向该爆胎一侧急转,很容易发生碰撞事故。驾驶人要沉着冷静,正确应对,从容处置,否则会酿成车毁人亡的恶性事故。

(一)前轮爆胎

(1)前胎爆裂时,较后胎爆裂危险性大,车辆会向爆胎车轮的一侧跑偏,驾驶人很难控制转向盘。此时驾驶人应抬起加速踏板,迅速抓住转向盘,努力控制转向盘的自由间隙,尽力控制行驶方向,同时告知车上旅客发生了什么情况,提醒旅客抓住身边固定物,注意自我保护。同时轻踏制动踏板,缓慢减速,当速度降到适当时将车尽快驶离行车道,在道路右侧靠边平稳停车。

(2)切忌慌乱中向其相反方向急转转向盘或急踏制动踏板,这将会使车辆发生蛇行运动或发生侧滑、横甩现象,从而造成车辆倾翻或碰撞等重大事故的发生。

(3)发生爆胎时,驾驶人应松抬加速踏板,等车速降低后,也可采用抢挡的方法,迅速抢挂低速挡,充分利用发动机制动来缓慢减速。但要注意,在发动机制动尚未控制住车速前,不要盲目使用驻车制动器来减速停车,这样容易造成车辆横甩而发生更大的险情。

(二)后轮胎爆裂

(1)后轮胎爆裂,危险性较小,车辆会出现较大颤动,并倾向爆胎的那一侧,但方向一般不会失控,驾驶人只要控制好转向盘,尽量保持车辆直线行驶,并轻踏制动踏板缓慢减速,平稳靠边停车。

(2)车辆停稳后,应立即打开危险报警闪光灯,在来车方向约150m处,放置三角警示牌,提醒同向行驶的车辆注意避让。

六、车辆侧滑的临危处置方法

行驶的汽车因制动、转向惯性和其他原因,引发某一轴的车轮或两轴的车轮出现横向移动的现象,称为侧滑。汽车侧滑分为四轮侧滑、前轮侧滑、后轮侧滑三种情况。尤其是汽车后轮侧滑,对安全行车威胁较大,常常会发生翻车、掉沟、撞车或与行人相撞等事故。侧滑一旦发生,较难通过驾驶人的驾驶手段来完全纠正,所以很危险。

(一)造成侧滑的原因

(1)路面出现湿滑、泥泞、油污或结冰等,其附着系数会降低,且左右不对称,车轮载荷与路面附着力也跟着降低,稍有横向外力作用,就会引发车轮侧滑。

(2)制动时四轮受到的阻力不平衡,诸如左右轮制动力不等、各轮附着系数不等、装载重心偏向一侧等,引发"跑偏",也极易导致车轮侧滑。

(3)制动不当,如动作过猛、过量等,出现车轮"抱死拖带",而后轮一般又先于前轮"抱死",也易引发车轮侧滑。

(4)转向操作不当,如速度快、急打方向或快速转弯中使用制动不当、车辆重心过高(装载超高)等,使惯性离心力增大,也极易引发车轮侧滑。

(二)车辆侧滑处置

(1)当车辆出现侧滑时,首先要把稳转向盘,视情况松抬加速踏板,迅速判明侧滑的性质,诸如前轮侧滑还是后轮侧滑;是路况不良引起的侧滑,还是因制动、打方向等操作不当引起的侧滑。切忌慌乱,仅凭直觉盲目转动方向。

(2)因路况不良引起车辆侧滑(图3-1-2),应稍松加速踏板,适当减速,握稳转向盘,注意

图 3-1-2　路况引起侧滑

不可急转转向盘,也不可使用脚制动,坚持驶出不良路段,侧滑即可消失。

（3）因制动引起车辆侧滑,应立刻解除制动;车辆向哪边侧滑就向哪边转动转向盘,反之亦然,但动作不能太大,否则又会向相反方向侧滑。在实际车辆运行过程中,如果车速不是很快,根据路况必须制动减速时,为防止侧滑,可果断踩下离合器,谨慎试用"点刹"动作。其实质是模仿制动防抱死系统（ABS）的做功形式,既不让车轮抱死,又能达到迅速降低车速的目的,同时也能保证驱动轮不被锁死而导致方向失控。

（4）打方向（转弯）时车辆出现侧滑,与驾驶人打方向动作猛、车速较快有关。此时车辆侧滑一般表现为后轮"双侧滑",其危险性较大。其处置方法为:把稳转向盘,逐渐减小踩加速踏板的力度,此时不可制动或变换挡位,应立刻向车轮侧滑的方向打方向,制止车辆继续侧向路边;视情况再打方向,逐步消除车辆的侧滑,恢复正常行驶。

（5）车辆发生侧滑致使车辆已靠路边行驶或已滑到路边时,须先向后轮侧滑的方向打方向,随之回正,视情反复。当车辆的运动状态有恢复稳定或出现减速的迹象时,方可谨慎试用一下"点刹"。

（6）一定要注意,如果车辆发生了侧滑,要保持冷静,不能使用驻车制动器制动,因为大部分车辆的手刹都是制动后轮的,更容易发生侧滑或侧翻事故。

七、发动机熄火的临危处置方法

汽车发动机熄火是指发动机突然停止工作,车辆丧失驱动力的故障现象。熄火的原因,除了驾驶人驾驶技术不过关外,往往还由于供油系统故障,即油箱无油或油路堵塞不畅及电器故障,即低压电路断电短路、点火线圈失效、分电器不工作,这些故障导致供油中断或断火,使发动机停止工作,一时无法再次起动。而发动机熄火会造成车辆转向沉重,车辆制动效能大幅下降,对安全行车造成危害,易导致车辆发生碰撞等事故。当发生这种情况时,应采取以下应急措施。

（1）首先控制住转向盘,连续踩踏 2~3 次加速踏板,转动点火开关,尝试再次起动。起动成功后,不要继续行驶,应立即靠边停车检查,查明原因,排除隐患后再继续行驶。

（2）若重新起动不成功,驾驶人应立即开启右转向灯,利用惯性将车缓慢滑行到路边停车,检查熄火原因并排除。注意停车后及时打开危险报警闪光灯,并在来车方向 50~100m 处设置故障车警告标志（图 3-1-3）。

（3）行驶途中发动机突然熄火而不能重新

图 3-1-3　设置警告标志

起动时,在靠边之前不要随意制动,若多次踩踏制动踏板将失去辅助制动力,严重降低制动效能。同时要充分利用车辆的惯性,使车辆安全的靠边停车,否则造成停车位置不佳,影响交通安全。

(4)在高速路上车辆突然熄火时,转向盘会变得很沉重,一定要注意控制住方向。首先打开右转向灯,缓慢减速驶向右侧应急车道,同时提醒旅客不要紧张。汽车靠边停稳后,车内人员迅速转移至护栏以外,立刻开启危险报警闪光灯,在来车方向约150m外放置三角警示牌,打电话报警求助。

(5)特别注意的是当车辆通过铁路道口时突然熄火,且发动不着时,驾驶人首要的任务不是去排除故障,而是设法使车辆迅速离开道口,以免发生汽车与火车相撞事故。其应急措施为:一是迅速挂入一挡或倒挡,借助起动机的动力或用手摇柄摇转曲轴,将车辆驶离道口;二是根据车辆的大小或其他客观条件,采用人力推动的方法,使车辆尽快脱离危险区。

八、车辆火灾的临危处置方法

车辆因发生撞车、翻车事故,或由于自身电线短路、油管溢油等问题都可能会诱发火灾。车辆发生火灾,不但会造成重大财产损失,而且严重危及车辆上人员的生命安全。当车辆着火时,驾驶人应沉着冷静,迅速掌握失火部位以及火灾发生的原因,采取果断措施,尽量避免人员伤亡,降低财产损失。

(1)客车发生火灾时,驾驶人应立即靠道路右侧停车熄火,并迅速打开车门组织旅客撤离。如果车门无法打开,要及时打开安全门,或砸碎玻璃窗,组织旅客尽快逃生。逃离火场时提醒旅客要注意保护裸露在外面的皮肤,切勿张嘴呼吸或高声呐喊,以免烟火灼伤上呼吸道,同时注意要向逆风的方向躲避。

(2)行车中车辆发生火灾时,要将车辆停在远离加油站、城镇、建筑物、高压线、车辆、树木以及易燃物品的空旷地带,迅速判明失火位置并设法救火,如果火势无法控制应及时拨打火警电话,请求救援。

(3)若车辆发动机着火时,要迅速关闭点火开关及电源总开关,并设法关闭油箱开关。灭火时尽量不要开启发动机罩,以防因大量空气进入而增大火势。应从车身通气孔、散热器及车底侧进行灭火。救火时根据火情大小,决定是否撤离躲避,以防燃油箱发生爆炸,危及生命安全。

(4)因翻车、撞车等事故引发的车辆油箱、电器着火时,切勿用拍打的方法灭火,也不能用水灭火,以防加剧火势蔓延。可用路边田地中的沙、土掩盖,或用棉被、衣服浸水扑盖,或用篷布蒙盖来隔绝空气,压灭火焰。若含有酒精的防冻液着火,则可以用水浇泼着火部位来灭火。

(5)若车辆上装载的货物,特别是可燃性货物失火时,应将车辆迅速驶离人群密集的闹市区,开至空旷地带。条件许可时及时卸下着火货物,无法卸下时,则设法扑灭。箱式或篷式货车上货物失火,应关闭货箱门,隔绝氧气以阻止火势蔓延。

(6)高速公路行车发生火灾时,尽可能将车辆远离高速公路的收费站、停车场和服务区。应将车辆停靠在路肩或应急车道上,尽快疏散车上人员,使用车内备用灭火器灭火。并在来车方向设置警告标志,及时报警。

（7）灭火时，不要穿着化纤面料的衣服接近火源，因化纤面料是易燃品。一旦衣服着火，应及早脱掉，避免烧伤皮肤。使用灭火器灭火时人要站在上风处，尽量远离火源，灭火器应瞄准火源。

九、非机动车或行人突然横穿道路的临危处置方法

因道路法规和安全意识的淡薄，突然横穿马路的非机动车、行人并不少见，加之很多客观原因导致驾驶人反应不及，极有可能发生交通意外。这种行为不仅给非机动车、行人的生命安全造成危害，对于机动车驾驶人来说，也是最棘手、最难处理的突发险情。

图 3-1-4　行人突然横穿

（1）行人突然横穿道路（图 3-1-4）或非机动车突然驶出时，驾驶人千万不要惊慌失措或有侥幸心理，应迅速鸣喇叭并踩踏制动踏板，及时降低车速，如有相应的距离，可迅速停车。采取的制动方式分为以下两种：

①稳定制动停车。没有安装制动防抱死系统（ABS）的车辆可采用稳定制动的方法。制动时，应尽可能用力踏下制动踏板。当车轮抱死时才松开制动，一旦车轮重新开始滚动时，则再次全力踏下制动踏板，使车辆停车。装有 ABS 的车辆在需要紧急停车时，不宜采用点踏制动的办法或轻微制动，否则 ABS 不能发挥作用，也就达不到预期的效果。

②控制制动停车。控制制动又称为强制制动，在车辆没有被抱死的前提下，尽可能施加最强烈的制动动力，不可使用紧急制动，以免因车轮抱死导致车轮打滑而无法控制车辆。控制制动时，只能轻微转动转向盘，需要做较大的转向调节或感觉到车轮已抱死打滑时，应松开制动踏板，一旦车轮重新获得附着力后，就重新使用制动器。

（2）采取制动措施的同时，还可判断行人横穿的速度和车辆可以避让的安全地方。若条件满足，避让横穿道路的行人时，应从行人身后绕过，但要注意行人可能突然止步或往后退。

（3）驾驶人在立即踏下制动踏板，减速或停车时，要考虑车辆行驶环境及其他行使车辆等情况，千万不要急转转向盘借道行驶来避让，因为这样可能会酿成更严重的交通事故。

第二节　道路交通事故现场的应急处置方法与伤员救护

随着我国社会经济的持续发展和人民生活水平的提高，汽车化进程不断加快，机动车保有量快速增长，道路交通事故也在逐年增加。事故发生后，能否及时、正确地进行现场处置和对伤员开展科学的救护，对挽救生命、减少损失和交通事故的正确处理都具有非常重要的意义。

一、事故现场应急处置方法

事故发生后,驾驶人应努力保持头脑清醒,情绪稳定,切记不要慌张。根据现场具体情况,灵活地运用以下处置方法,以减少事故造成的损失,为及时、正确地处理交通事故创造条件。

(一)立即停车

车辆在道路上发生交通事故时,从事故地点到采取紧急措施立即停车的位置,往往是确定事故现场范围的重要依据。因此,驾驶人应当立即停车,关闭发动机、切断电源、拉紧驻车制动器操纵杆、开启危险报警闪光灯并在车后50～100m处设置警告标志(如在高速公路上发生事故,警告标志应当设置在来车方向150m以外,车上人员应当迅速转移到右侧路肩上或者应急车道内),夜间还应当同时开启示廓灯、后位灯。

明知发生事故后不采取紧急措施立即停车的,属于有意变动现场;驾车逃逸的更是违法行为,甚至构成犯罪。

(二)抢救伤者

道路交通事故发生后,由于情况紧急,一时也不会有专业医护人员实施救助,因此,当事人应该迅速、及时地抢救受伤人员(图3-2-1),防止受伤人员伤情恶化甚至死亡,从而减轻事故所造成的损失。

驾驶人停车后应首先检查人员伤亡情况。如果有当场死亡者,应当原地不动,并用篷布、塑料布等物覆盖。如有受伤人员,应当尽量拦截过往的车辆将受伤人员送至就近医院抢救,注意要用白灰、石头、绳索等物将伤员倒位描出。如一时无过往车辆,应马上动用肇事车将伤员送往医院,但应当先标好停车位置,即各个车轮的位置、走向、制动印痕的起止点等。如果车上还有其他人员,应留下保护现场。驾驶人在将受伤人员送到医院后,应立即返回现场。

图3-2-1　抢救受伤人员

若无人员伤亡时,应迅速抢救物资和车辆。如属贵重物资或危险物品,继续滞留现场会造成更大损失或危险时,应及时组织抢救转移,同时应标出物体的位置。如属一般物资,应待现场处理完毕后再行处置。

(三)保护现场

交通事故发生后,现场存在大量的事故痕迹和物证,这些都是公安机关交通管理部门勘验现场、分析原因的关键,对今后责任认定和正确处理事故均具有重要的意义。因此,当事人应当在事故发生后妥善保护事故现场。现场保护的主要内容如下:

(1)肇事车停位,伤亡人员倒位,各种碰撞碾压的痕迹,制动拖痕,血迹以及其他散落物品均属保护内容。

（2）在保护现场时,应当重点保护以下事故现场痕迹。

①路面痕迹。如:车辆制动印痕、扎压痕迹、侧滑印痕、行人鞋底与路面擦痕及油迹、水迹、血迹等。

②车辆及人体擦撞痕迹。如:各种车辆部件造成的刮痕、沟槽、服装搓擦痕、车身浮尘擦痕等。

③路面遗留物。如:玻璃、漆片等散落物以及人体组织剥落物等。

（3）事故现场的保护,可以采取下列方法:

图 3-2-2　标围事故现场

①标围现场。交通事故发生后,要立即确定现场范围,并用石灰、粉笔、沙石、树枝、木棍、绳索等将现场标围封闭（图 3-2-2）,禁止车辆和无关人员进入。要加强指挥,尽量做到不妨碍交通。必要时可暂时中断交通,待交警对现场勘察完毕后再行疏通。

②注意遮盖。如遇有雨天、雪天或刮风等自然现象,对现场的重要痕迹等可能造成破坏时,应就地取材,用席子、塑料布等物将现场的尸体、血迹、车痕动印痕和其他散落物等遮挡起来。

③记录位置。驾驶人可使用相机或者手机,从车辆前方、侧面和后方的不同角度,对事故相关车辆的位置、受损部位及受损程度等做好拍摄记录。除非因抢救伤者和财产需要,不得擅自移动现场肇事车辆、伤者、物品等,必须移动时应当标明位置。

④寻求协助。在事故现场,要主动寻求乘车人、过往车辆驾驶人、过往行人的协助。要注意寻找目击证人,记下见证人的身份、联系电话、地址等。

⑤冷静处置。如果现场有扩大事故的因素,如燃油外溢,车上装有易燃、易爆、剧毒、放射性等危险物品时,应立即设法消除,并向周围的行人讲明现场的危险性。必要时,将危险车辆驶离现场。

⑥服从指挥。在繁华或者重要的路段发生的事故,要服从值勤交警的指挥,在做好标记后,将车辆移出现场,以恢复正常交通,但是不准擅自移动车辆,也不准不标记而移动车辆。

（四）及时报警

事故发生后,当事人在抢救伤员、保护现场的同时,应及时亲自或委托他人向肇事点辖区公安交通管理部门报案,交通事故报警电话号码全国统一为"122"（图 3-2-3）。

报警时,需要说明的有关信息主要包括:

（1）报警人的姓名、联系方式。

（2）发生道路交通事故时间、地点。

（3）人员伤亡情况。

图 3-2-3　及时报警

（4）车辆类型、车辆牌号，是否载有危险物品、危险物品的种类等。

（5）涉嫌交通肇事逃逸的，还应当说明肇事车辆的车型、颜色、特征及其逃逸方向、逃逸驾驶人的体貌特征等有关情况。

必要时，也可以向附近的医疗单位、急救中心（电话为120）以及消防部门（电话为119）呼救、求援。并视情况向保险公司报案和工作单位报告。

（五）协助调查

在交通警察勘查现场和调查取证时，当事人必须如实向公安交通管理机关陈述交通事故发生的经过，不得隐瞒交通事故的真实情况，应积极配合协助交通警察做好善后处理工作，并听候公安交警部门处理。

未造成人员伤亡的道路交通事故中，当事人对道路交通事故的事实和成因没有争议的，在记录交通事故的时间、地点、对方当事人的姓名和联系方式、机动车牌号、驾驶证号、保险凭证号、碰撞部位，并共同签名后，可以即行撤离现场，恢复交通，自行协商处理损害赔偿事宜。当事人对交通事故事实及成因有争议时，应当迅速报警。事故仅造成轻微财产损失，并且基本事实清楚时，当事人应当先撤离现场再进行协商处理。

二、事故现场伤员救护

交通事故发生后，现场紧急救护是否得当，直接关系到伤员的生命安危。因此，每位驾驶人必须了解交通事故的急救知识，掌握必要的现场急救技巧。

（一）伤员救护的基本原则

1.确保安全

施救时，要先观察现场环境是否安全，确认安全或排除隐患后方可进行救护。要尽快将伤员救离事故现场，选择较开阔、安全的区域，便于救护车能够接近，夜间要选择有照明的地方，不能在弯道、坡道或交叉路口等危险区域实施抢救（图3-2-4）。运送伤员应尽可能使用救护车，视伤情使伤员平卧或侧卧，以减少运送途中的二次损伤。

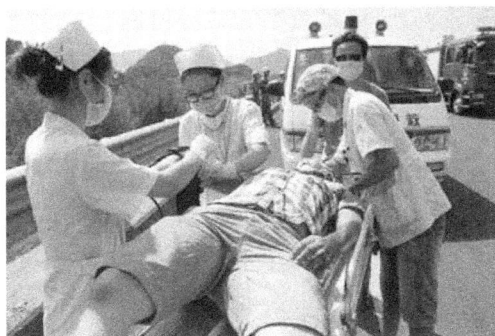

图3-2-4 实施抢救

2.先救命后治伤

事故发生后，如发现有伤员时，应先全面检查和判断伤员的伤情和处境，比如，伤员是否已出现昏迷、呼吸中断、无脉搏等症状；是否出血、骨折；是否有重物压在伤员的身上；是否有异物插入伤员的体内等。对于意识清醒的伤员，应询问疼痛和不适部位，初步判断伤情，以便选择正确的急救方法。

在等待专业救护人员赶赴事故现场时，应先抢救存在昏迷、休克、呼吸中断等症状和大量出血的重伤员，再护理一般的伤员，进行创口包扎、固定等处理。

3.科学实施救护

抢救人员要沉着、冷静、仔细，根据伤员的处境和伤情，科学实施救护，避免造成二次伤害。从车中移出伤员时,首先要尽可能移开压在伤员身上的物品,动作要轻柔,而不要强行拉拽伤员的肢体;切记不要随意拔出插入伤员体内的异物;正确搬运伤员,避免因搬运不当造成伤员的伤势加重。

（二）危重伤员的抢救措施

1. 对头部损伤伤员的抢救

交通事故中颅脑损伤的发生率很高,死亡率也较高。颅脑伤的症状是:伤者昏迷,失去知觉,瞳孔散大,呕吐等。在救护时可将伤者抬上汽车,护送人员扶助伤者呈侧卧位,头部用衣物垫好,略加固定,解开衣领、腰带等紧缩物,便于呼吸通畅;口腔和呼吸道如有分泌物、呕吐物应排出,防止阻塞气道,以利于维持呼吸机能,避免因缺氧而带来不可恢复的损害。如果伤者神志清醒,呼吸、脉搏正常,仅是头颅外伤,可进行伤部包扎处理,将大块敷料遮盖伤部,用绷带严密包扎,能达到加压止血的目的。若伤者耳、鼻、口溢血,不得加以堵塞(图3-2-5)。

2. 对昏迷不醒伤员的抢救

当伤员昏迷时,首先要检查其呼吸情况。判断是否呼吸停止的方法为:观察胸腹部的运动状态,手触摸腰部的呼吸运动部位,耳贴近伤员鼻孔听呼吸声。如呼吸正常,应保持伤员的侧卧位,以保证其呼吸畅通,防止窒息危及生命。如伤员呼吸中断、心跳停止,应立即实施心肺复苏术(口对口的人工呼吸和胸外心脏按压)进行抢救。

抢救时,先让伤员仰卧,面部向上。救助人员位于伤员的头旁,用两个手指抬起伤员下颌,同时用另一只手将伤员的前额下按,使下颌与耳垂线垂直于地面,保持伤员呼吸气道的开放畅通,清理气道和口中可能存在的异物,如呕吐物、痰、血块等。

如果伤员仍不能呼吸,应立即进行口对口的人工呼吸。即用压额头的手捏紧鼻翼,大大张开伤员的嘴,抢救者先深吸一口气,然后对准伤员的口将气吹入,使伤员的胸部鼓起,吹气完毕,口和手立即离开伤员。抢救者抬头再吸一口新鲜空气,准备下次口对口呼吸,如此每4~5s一次。

如伤员的心跳停止,应进行胸外心脏按压。抢救者一手掌根部放于患者胸骨下1/3处,另一手重叠于上,十指相扣,两臂伸直,依靠身体重力向脊柱方向作垂直而有节律的按压。按压时用力须适度,略带冲击性,每次按压使胸骨向下压陷3~4cm,随后放松,使胸骨复原,以利心脏舒张。按压频率一般为每分钟80次,直至心脏恢复(图3-2-6)。

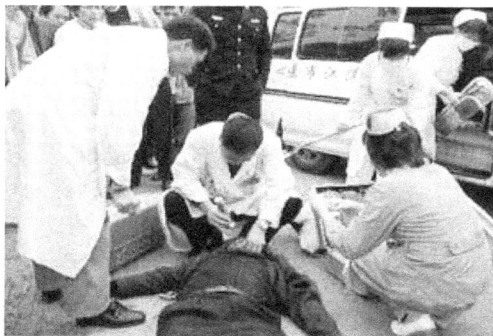

图3-2-5　危重伤员抢救　　图3-2-6　胸外心脏按压

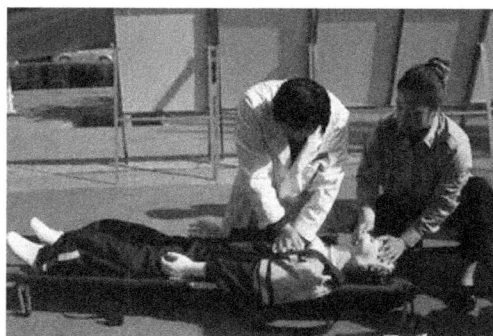

交替实施人工呼吸和胸外心脏按压时,应完成30次心脏按压即给予2次快速吹气。连做4~5个循环或进行3~4min后,重新检查呼吸、脉搏。

3. 对休克伤员的抢救

受伤者失血过多时会出现休克,其症状表现为:面色苍白、四肢发凉、额部出汗、口吐白沫,显得焦躁不安,脉搏跳动变得越来越快并逐渐虚弱,最后脉搏几乎摸不出来。这些症状有时会部分出现,有时会同时出现。休克时间过长,会导致伤员死亡,应及时采取以下急救措施:

(1)将伤员迅速撤至安全、通风、保暖的地方,松解衣服,让伤员平卧,下肢抬高15°~20°,这样有利于静脉血回流,保证基本生命支持的需要。

(2)保持伤员温暖,有可能时可让伤员喝点热开水,但腹部内脏损伤疑有内出血者不能喝水。也可针刺或用手掐人中、合谷、内关、十宣等穴位,以促其苏醒。

(3)迅速找出休克病因,尽力予以祛除,出血者立即止血,骨折者迅速固定,剧痛者予以止痛剂,呼吸心跳停止者应立即进行心脏按压及口对口人工呼吸。

(4)经抢救,休克症状消失,伤员清醒、血压、脉律相对稳定时才可运送。昏迷伤员运送时面部应偏向一侧,以防呕吐物阻塞呼吸道。

4. 对烧伤伤员的抢救

烧伤伤员的症状为:皮肤发红、起泡、感觉疼痛。内部组织受损的烧伤,可引起呼吸困难、休克、烧伤性疾病等,应采取以下急救措施:

(1)迅速扑灭衣服上的明火,也可卧倒自行滚动灭火。灭火后尽快脱掉衣服,但对黏附在皮肤上的衣服则不可强行脱掉(图3-2-7)。

(2)全身燃烧时,可用冷水对燃烧部位进行喷洒或立即跳入干净的清水中。

(3)用消过毒的纱布或清洁被单覆盖烧伤创面;脸部烧伤时,不要用水冲洗,也不要覆盖。

(4)适量饮用淡盐水(一杯水中放一匙食盐),防止脱水休克。

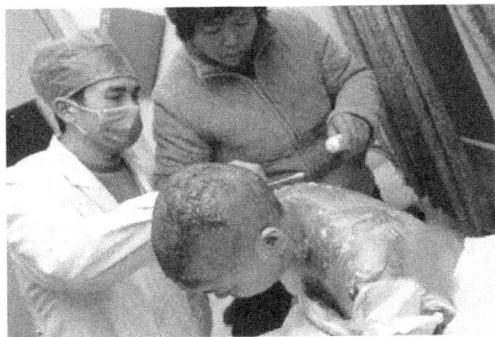

图3-2-7　烧伤伤员的抢救

(5)不可轻易使用粉剂、油剂、油膏等敷于皮肤灼伤创面。

(6)反复检查呼吸和脉搏,防止休克。

5. 对中毒伤员的抢救

救助有害气体中毒的伤员时,为防止伤员继续中毒,应迅速将其送到通风良好的地方并迅速呼救,以防止中毒加深。应该让昏迷不醒的中毒伤员保持侧卧位并反复检查呼吸和脉搏,如出现呼吸停止等症状时,应就地实施心肺复苏。

6. 对大量失血伤员的抢救

如果伤员失血过多,应立即采取措施止血,不然会出现休克等症状导致死亡。大出血时应先止血,然后再叫救护车。

止血的方法为:首先用清洁的敷料(毛巾、手帕等)直接压迫伤口止血。如一时找不到合适的东西压迫伤口,可用手直接压住伤口。若伤员是手、脚等部位出血,手脚应高于心脏,尽可能抬高并继续压迫伤口。这样持续压迫一会一般出血就会止住。如果渗血不止,就要采取间接压迫止血法。间接压迫止血法就是压迫通往伤口处的动脉来达到止血目的。如果是上肢出血,就用拇指或四指并拢,压迫腋下的动脉来止血。下肢出血时,就用两手拇指对称压迫大腿根中部内侧股动脉来止血或用手掌根部垂直压住大腿中部来止血。

7. 对骨折伤员的处置

不要移动伤员身体的骨折部位,防止伤员休克。

(1)出现关节损伤(扭伤、脱臼、骨折)的伤员,应避免活动,不要改变损伤时瞬间的位置、姿势,更不能自行复位。

(2)安放到固定位置后,保持损伤骨节的静止。

(3)骨折处有出血时,应先止血和消毒包扎伤口,然后固定。

(4)对于大腿、小腿和脊椎骨折,一般应就地固定,不要随便移动伤员。

(5)把骨折伤员搬移至担架时,要遵循医护工作人员的指导。由三名以上救护人员分别用手托住伤员的肩、背、腰臀部和双下肢,颈椎骨折的伤员还应有一人专门托住伤员的头部,在统一口令下,协同将伤员搬至硬质担架上,并使伤员头向后,以便于后面抬的人观察其病情变化。

第三节　事故后的脱困方法

车祸在日常生活中频繁发生,因为车祸而死的人也是不计其数。很多驾驶人因为不遵守交通规则而导致车祸的发生,不但害了自己还连累了其他人。而因为天灾出的车祸也是无法避免的。

一、车辆碰撞时脱困的方法

(1)车辆在会车、超车或避让障碍物时,车辆之间或与其他物体容易发生刮碰现象,所以应加大车辆间的横向间距。

(2)行车中与其他车辆有迎面碰撞可能时,应先向右侧稍转方向,随即适量回转,并迅速踩踏制动踏板。若与其他车辆要不可避免地发生正面碰撞时,应紧急制动,以减少正面碰撞力(图3-3-1)。

(3)发现即将被后车追尾碰撞时,驾驶人应迅速放松制动踏板,同时双手用力抵住转向盘,身体紧靠椅背,将头后部紧靠在头枕上。

(4)通常车辆的侧面碰撞安全防护性能明显弱于正面碰撞安全防护性能,所以车辆撞击无法避免时,驾驶人应当尽力避免侧面相撞。车辆发生撞击的位置不在驾驶人一侧或撞击力量较小时,驾驶人应紧握转向盘,两腿向前蹬,身体向后紧靠座椅。发生侧面碰撞的部位无论在哪一

图3-3-1　碰撞时减少正面碰撞力

侧,都不可采取跳车的方法。

(5)作为一名旅客运输驾驶人,在无法避免碰撞的情况下,一定要选择有利于保护乘客安全的碰撞方式,把生的希望留给乘客,把死的威胁留给自己。

(6)应急处置口诀为:"调整行驶方向,避免正面碰撞;缩小刮擦角度,降低人财损伤。"

二、车辆侧翻和坠车脱困的方法

(1)感觉车辆失控即将发生倾覆时,驾驶人应立即大声向乘客预警,提示他们抓好、扶好。

(2)车辆突然发生倾翻时(图3-3-2),驾驶人应双手紧握转向盘,双脚钩住踏板,随车体旋转。车内乘客应趴到座椅上,抓住车内固定物,背部紧靠座椅靠背,使身体夹在座椅中稳住身体,进而注意避免因车体变形而遭挤压受伤。

(3)当发生缓慢翻车有可能跳车逃生时,应向车辆翻转相反方向跳跃。落地时应双手抱头顺势向惯性方向滚动或奔跑一段距离,避免二次受伤。

图3-3-2 车辆突然倾翻

(4)车辆侧翻和坠车的临危处置口诀为:"车辆侧翻本不该,命悬一线下山岩;紧握转向稳身躯,勿忘告知车乘员。"

三、车辆落水、"水滑"、雾天、横风、起火脱困的方法

(一)车辆落水自救的方法

(1)驾驶车辆不慎意外落水,驾驶人应保持冷静,并告知乘员不要慌张,先深呼吸再开车门,若水较浅,未全部淹没车辆,车窗是最易逃脱的途径。当外部水的压力较大很难开启车门时,应迅速开启车窗或用粗重的物体敲碎车窗玻璃(必要时可用脚踹),才有逃生的希望。

(2)落水后,若水较深,不要急于打开车门与车窗玻璃,此时车厢内氧气可供驾驶人和乘客维持几分钟。车内人员将头部伸入水面,迅速用力推开车门或玻璃,再浮出水面。不得采用关闭车窗阻挡车内进水或打急救电话告知救援人员等错误方法。在紧急时刻,不要过于惊慌,通常会有 3～5min 充足的时间逃生(图3-3-3)。

(3)车辆落水后的临危处置口诀为:"车辆落水勿惊慌,沉着冷静深呼吸;水满开门碎车窗,猛蹬车体漂上方。"

(二)车辆"水滑"自救的方法

雨天高速公路行驶时,随着车速的增加,轮胎与路面之间易形成水膜,使轮胎悬浮,而发生"水滑"现象。雨天在高速公路行车,为避免发生"水滑"现象而造成方向失控,应保持较低的车速。发生"水滑"现象时(图3-3-4),应握稳方向,逐渐降低车速。不得迅速转向或急踏制动踏板减速。

图3-3-3　车辆落水自救

图3-3-4　车辆发生"水滑"

（三）车辆雾天自救的方法

大雾天在高速公路遇事故不能继续行驶时,须开启危险报警闪光灯、示宽灯或示廓灯,按规定设置警告标志,驾乘人员尽快从右侧离开车辆并尽量站到防护栏以外,严禁在高速公路上行走。

（四）车辆横风自救的方法

车辆在高速公路行至隧道出口或凿开的山谷出口处,可能遇到横风(图3-3-5)。当驾驶人感到车辆行驶方向偏移时,应双手稳握转向盘,进行微量调整,适当减速。

图3-3-5　车辆遇到横风

（五）车辆起火自救的方法

驾驶车辆不慎撞击失火时,驾驶人应立即熄火停车,切断油路、电源,让车内乘客有秩序下车。若车辆碰撞变形,车门无法打开,可从前后风窗玻璃或车窗处脱身。万一身上着火,可下车后倒地滚动,边滚边脱衣服。切记不要张嘴深呼吸或高声呼喊,以免烟火灼伤上呼吸道。

车辆追尾当碰撞主要方位不在驾驶人一侧时,驾驶人应双手紧握转向盘,两腿向前蹬直,身体后倾,保持身体平衡,以免在车辆撞击时头撞到风窗玻璃;如碰撞主要方位临近驾驶人或撞击力度过大,驾驶人应迅速躲离转向盘,并将两脚抬起,以免受到挤压。如车门打不开被卡车内,可尝试按下车窗找机会逃离;如伤势严重出血量大,可用力按压出血点止血。

四、高速公路紧急情况的脱困方法

由于高速公路发生的交通事故十分频繁。因此,在客车高速驾驶过程中遇到突发的状况后,驾驶人不要惊慌失措,而是迅速冷静下来,采取正确的应对措施,尽可能化险为夷,或者把损失降到最低限度。

（一）高速公路制动失灵的脱困方法

(1)在高速公路上发现制动失灵时,应及时向其他车辆和行人发信号示警,如打开危险警告指示灯、开前照灯、鸣喇叭并打手势。同时应当根据路况和车速控制好转向盘,脱开高速挡,同时迅速加一脚空油,将高速挡减至低级挡,利用发动机的牵引阻力使车速迅速降低。

另外,在换低速挡的同时,应结合使用手制动,但要注意手制动不能拉紧不放,也不能拉得太慢。如果拉得太紧,容易使制动盘"抱死",很可能损坏传动机件而丧失制动能力;如果拉得太慢,会使制动盘磨损烧蚀而失去制动作用(图3-3-6)。

图3-3-6 高速公路制动失灵

(2)利用车的保险杠、车厢等刚性部位与路边的天然障碍物摩擦、碰撞,或者利用路边的沙泥堆、草堆、路沟、树林、岩石等障碍物给车辆阻力而停车,达到强行停车脱险的目的,尽可能地减少事故损失。

(3)上坡时出现制动失灵时,应适时减入中低挡,保持足够的动力驾驶上坡顶停车。同时应当保持前进低挡位,拉紧手制动,随车人员及时用石块、垫木等物卡住车轮。如有后滑现象,车尾应朝向山坡或安全一面,并打开前照灯和紧急信号灯,引起前、后车辆的注意。

(4)车辆在下长坡时,不管有无情况应当及时制动,当发现制动失灵时可利用手制动来进行制动,但必须做到状况得当,切记不能由于惊慌失措猛拉手制动,否则会造成手刹的钢丝绳因为用力过猛绷断,使手刹失效或车辆后轮抱死,车辆也很容易失控。正确的方法是缓缓拉起手刹,分几次拉紧、松开、再拉紧、再松开的方法使车辆减速停下来。需注意的是,拉手制动的手柄时要摁进手制动手柄的保险按钮,这样可以使手制动手柄在拉紧、放松的过程中操作自如,防止拉紧时手制动锁死。

(5)减挡制动,手动挡车也可通过强制降挡减速停车,具体做法是直接挂入二挡,再松加速踏板抬离合器,这时车辆会有一种急制动般的感觉;然后再伺机挂入一挡,此时可以把电门关掉,利用发动机气缸压缩的作用使车辆停车。

(二)高速路上发生爆胎的脱困方法

(1)如果前轮爆胎转向盘会出现剧烈抖动,并产生很强的偏转力,这时要双手紧握转向盘,尽量保持车辆直线前进。然后慢慢减速,可以挂空挡或逐级减挡,松开加速踏板并反复轻踩行车制动踏板,同时迅速打开双闪警示灯轻点制动踏板,帮助车辆减速慢行,将车调整到应急车道。切忌猛打方向猛踩制动踏板,以免造成车辆失控。

(2)如果是后轮爆胎车会呈现一种不稳定状态,产生一股轻微的力量,使车子倾向爆胎的那一边,此时应采用逐渐松开加速踏板,利用减挡的方式将汽车缓慢停下(图3-3-7)。如果前轮爆胎转向盘会出现剧烈抖动,并产生很强的偏转力,这时要双手紧握转向盘,尽量保持车辆直线

图3-3-7 后轮爆胎自救

前进。同时迅速打开双闪警示灯,轻点制动踏板,帮助车辆减速慢行将车调整到应急车道。切忌猛打转向盘、猛踩制动踏板,以免造成车辆失控。

上述方法只在正常时速范围内能起作用,控制车速才是根本途径,如果是超速行驶,再好的驾驶技术也无济于事。当然一些车辆目前都配有胎压监测装置,行车时勤观察轮胎状态,基本可以避免行车爆胎情况发生。

(三)高速公路被异物意外击中的脱困方法

车辆在高速行驶时,突遇路上有障碍物,可选择"避重就轻"的原则。一旦遇到类似的情况,比如被飞溅的沙石击中风窗玻璃,玻璃一旦碎裂,不但会对驾驶人的视线造成严重影响,甚至还有可能危及车内乘客。所以应保持冷静,打开转向灯,并逐步将车辆变换车道在应急车道上安全停下,然后拉好手制动防止车辆前后溜动;打开双闪灯,警示后方车辆避免发生碰撞;最后在确认后方安全的情况下,将安全警示牌放置在车辆后方百米开外,并组织车上乘客安全撤离事故车辆,等候救援。

案例情景

2013 年 1 月 12 日,云南金孔雀交通运输集团有限公司最美司机李××驾驶一辆载客 18 人的大巴,从宁洱前往昆明。行至墨江路段时,对向一辆中型自卸货车传动轴十字节轴承钢碗突然脱落,钢铁块越过隔离带砸破大巴车风窗玻璃朝他头部猛击过来……

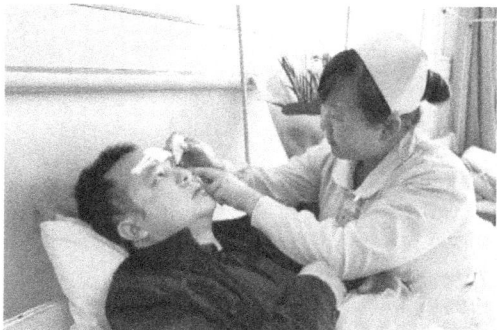

案例分析

客车上的"黑匣子"清楚地记录下了此后发生的事情:玻璃碴四处纷飞,正在驾驶的李××突然向后仰了一下,紧接着,他用左手捂着额头,右手握住转向盘,然后换挡,慢慢靠右将车停稳,打开警示灯,整个过程持续13s,这短短13s的坚持,避免了一场交通事故的发生,保障了所有乘客的安全。之后,搭档魏××和多名乘客上前询问,并找来毛巾和卷筒纸为他止血,视频中可以清晰地看到,当时李××流了很多血——在医院,受伤的左眼上方缝了 12 针之多。

(四)高速公路遇到交通事故的脱困方法

在高速公路遇到交通事故后,若车辆还能行驶,需要将车停到应急车道。首先打开转向灯观察后方车辆,缓慢减速逐步并入应急车道,切不可紧急制动或强行并线。

停稳并打开"双闪"后,需将警示标志放置于车辆后方 150m 以外,在夜间还应将距离增加到 250m 以外。这里需要强调的是放置警示牌一定要将距离拉够,以便后方驾驶人有时间处理。如果因为警示牌摆放位置不正确引发事故,驾驶人也要承担责任。此外,车上人员要尽快离开车辆到高速路外等待,并且站在车辆前方,避免引发二次事故造成车毁人亡的惨剧。

如果事故比较严重,车辆无法继续行驶,车内人员要尽快撤离到高速路外等待,并放置警示标志提醒后方车辆。如果伤者严重,距离较近可以原地等待医护救援。如果地区偏僻,最好拦截其他社会车辆,尽快将伤者送到医院。

第四节　驾驶人及乘客突发疾病的应急处置

一、客车驾驶人常见的突发疾病

随着道路交通的发展,驾驶人在整个道路的安全重要性表现在存在一种不可避免的问题,那就是对于疾病突发的情况无法预测与采取措施避免,这种隐形的危险也正威胁着社会公共安全。

或许,驾驶人认为这些事件发生的概率低,但是突发的疾病如夏日里随时可能爆发出来的雷鸣一样,在没有重视生命的时候,后果是严重的。

案例情景

2011 年 12 月 10 日,在郑州市文化官路口,一辆帕萨特轿车突然如一匹脱缰的野兽般,疯狂冲向街边的骑着自行车的行人,并在随后接连撞击停靠在路边的三辆轿车,肇事驾驶人随后因抢救无效而死亡。

案例分析

该驾驶人系患有心脏病,在驾驶过程中因心脏病突发死亡。

类似的事件数不胜数,它是一个没有束缚的时刻都有极大可能爆发的野兽,无不影响着日常平静的生活。客车驾驶人经常保持同一种姿势很长时间,且长期驾驶过程中,往往顾不上吃饭,经常是凑合一顿甚至是不吃饭,长久以往就很容易得病,驾驶人的胃部、肩部和腰部都比较容易受损。

受到振动、噪声、高温、汽油、一氧化碳以及强制的不良体位等有害因素的影响,据调查80%以上的客车驾驶人健康状况令人担忧,都不同程度地患有颈椎病、肩周炎、骨质增生、坐骨神经痛等多种疾病。这些疾病与他们的特殊工作性质和不良生活方式有关,如久坐、紧张、疲劳、睡眠不足、饮食无规律等,客车驾驶人疾病有职业疾病和突发疾病。

二、职业疾病的类型

(一)前列腺炎疾病

1. 久坐

长时间坐着工作,使盆腔及前列腺部受挤压而充血,血流缓慢淤滞,对病原体抵抗力减弱,易诱发前列腺炎。

2. 饮水不足

驾驶人因受驾驶工作影响而不能保证及时、足够的饮水,常使身体处于轻度脱水状态,尿液浓缩,易患尿道炎、膀胱炎,从而诱发前列腺炎。另外,伴随的便秘症状,也不利于前列腺的健康。

3. 憋尿

受工作所限无法或不便及时排尿而强忍时,造成人为的尿液潴留,膀胱压力增高。长期如此可造成尿路及生殖道上皮防御细菌的能力下降,致泌尿生殖系感染。更危险的是,对于已患膀胱炎或后尿道炎的患者,其尿液可经前列腺管逆流入前列腺组织中,易致前列腺炎。

4. 疲劳

长时间工作,睡眠不足,体力透支,焦虑,急躁,常处于疲劳状态,使机体抗病能力减弱,也是诱因之一。

5. 不良嗜好

许多驾驶人有烟酒嗜好,身体受到毒害,循环系统功能降低,抗病能力减弱,尤其饮酒,可加重前列腺充血。

（二）振动病

客车在发动、行驶时都在不停地振动。开车时间一长,手部末梢血管和肌肉可产生痉挛,表现为手麻、手痛、手胀、手凉等症状,严重时还可引起手腕及手指关节的骨质增生,甚至关节变形。发动机运转、汽车喇叭、所载物体的振动等,可对噪声性耳聋客车产生不同强度的噪声。

驾驶人长期在噪声的"轰击"下,易产生听力损伤,导致噪声性耳聋。早期,多在开车之后出现听力下降,如不开车,听力又逐渐恢复。但长期开车,反复接触强噪声,就会造成听力明显损害,且不能完全恢复,导致双侧不可逆性耳聋。

（三）视力疲劳综合征

驾驶人在开车时,眼睛时刻都要注视路面的情况。倘若汽车的风窗玻璃质量粗糙,或高低不平,厚薄不一,明适应和暗适应交替影响,便可直接影响驾驶人的视力,导致视力疲劳综合征,即在开车过程中,出现头晕、视线模糊、两眼胀痛等症状。

（四）颈椎病

驾驶人驾车时始终注视着一个方向,容易导致颈部肌肉痉挛,可使颈椎间关节处于一个不正常的位置,发生颈椎微错位,压迫、刺激神经,出现头部、肩部、上肢等处疼痛、发胀,颈部肌肉痉挛等（图3-4-1）。

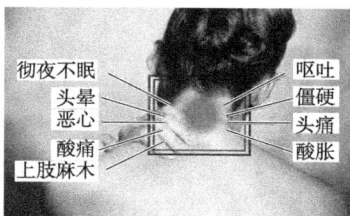

图 3-4-1　颈椎病

（五）胃病

驾驶人的饮食很不规律,经常凑合一顿甚至不吃饭。长期不合理、不规律的饮食习惯,带来的后果就是易患消化系统疾病,常见症状为消化不良、胃部疼痛,严重者会引起胃肠大出血。

（六）肩周炎

肩周炎是一种客车驾驶人最常见的职业病,尤其是 40 岁以上的驾驶人。驾驶人患肩周炎后由于肩关节疼痛和活动受限,不能灵活、准确地进行驾驶操作,容易发生不安全情况。

（七）腰痛

驾驶人长时间驾车不仅会使人疲劳,还能引起疾病,多为脊柱骨骼、消化和心血管三大系统疾病,特别是腰痛最常见。久坐的人如果不加强运动,腰背肌力量薄弱,久之就会引起腰椎变形,常见症状有腰腿疼痛、无力、麻木。

（八）腰椎间盘突出

驾驶人腰椎间盘突出症的发病率比较高,这主要是开车时腰部的姿势不良或不良姿势过久,座位与转向盘的高度不协调,以及腰骶部受到长时间的颠振所致。

三、突发危险性疾病

驾驶人由于工作强度大,在驾驶中还会存在一些不可防范的突发性疾病。如脑血管产生痉挛、冠心病、心律失常、心肌梗死、脑出血、低血糖休克、过度疲劳等疾病,都在时刻威胁着驾驶的安全。

（一）脑血管产生痉挛

驾驶人由于长时间驾驶,受剧烈的颠簸和振动,这种振动作用于人体,会使脑血管产生痉挛,而引起头疼、眩目、恶心、呕吐、耳鸣和耳聋等症状。

（二）诱发冠心病

在驾驶中,由于精神紧张,大脑皮层高度兴奋,肾上腺素类物质分泌增多,促使心跳加快,长此以往,势必影响心血管功能,容易诱发冠心病（图 3-4-2）。

（三）心律失常

由于工作时间长,工作强度大,容易形成心理障碍,导致精神紧张,脾气大、心情差。调查发现客车驾驶人心理障碍发生率高达 80%,心理问题得不到及时疏导,在行为上不仅表现在口气冲、爱扯皮、情绪不好等方面,还会引发心律失常,心律失常更容易开"疯车",影响行车安全。

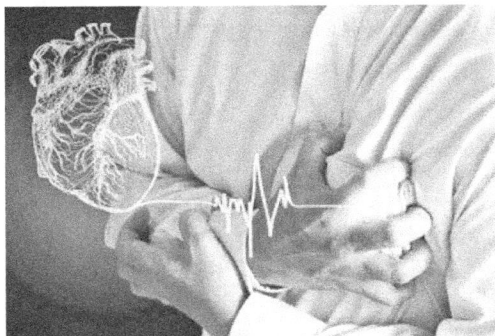

图 3-4-2　冠心病

四、客车驾驶人常见突发疾病的应急措施

驾驶人要保持良好的驾驶人职业道德,在发生突发疾病时驾驶人应当按照《中华人民共

和国道路交通安全法》和《道路运输条例》等有关规定,积极采取应急措施,采取科学、合理的方法做好车辆乘客的安全,尽可能减少事故损失。

驾驶人在突发疾病时,要有良好的职业道德,立即停车,关闭发动机,拉紧驻车制动,开启危险报警灯,做好安全措施,向公安机关交通管理部门报警,服用随身携带的药品,向车队管理人员报告,进行自救与互救。

(一)养成良好的驾驶习惯

(1)如持续驾车1h左右,应下车适当运动,活动腰髋,伸展四肢;长途驾驶可轮班操作,驾驶人交替休息;平时多饮水,多排尿;注意个人及驾驶室卫生,发现身上有感染灶时尽快治疗。另外,还须注意生活规律,坚持锻炼身体,增强抵抗力和自信。

(2)做徒手体操,做肩关节3个轴向活动,用健肢带动患肢进行练习;做器械体操,利用体操棒、哑铃、肩关节综合练习器等进行锻炼;做下垂摆动练习,躯体前屈,使肩关节周围肌腱放松,然后做内外、前后、绕臂摆动练习,幅度可逐渐加大,直至手指出现发胀或麻木为止。

(3)尽量减少振动,驾驶人腰病产生的重要原因在于汽车产生的振动,应避免旧车"超期服役",及时更换陈旧、磨损的零部件,对汽车定期维修保养。一定要学会保护自己的身体,平时要注意养成良好的坐姿,正确驾驶。合理的安排休息时间,开车时间不宜过长,只有拥有了健康的身体才能给家人幸福。

(4)降低汽车噪声的强度。一般而言,汽车高音喇叭的噪声对驾驶人的听力危害较大。因此,汽车应使用低音喇叭。开车时播放音乐,音量不宜太大,以减少噪声对人体的影响。

(5)要选用质量上乘的风窗玻璃。由于质量差的风窗玻璃是造成视力疲劳综合征的主因,因此,要选用质量上乘的风窗玻璃。此外,长途行车时要注意适当休息,防止视力过度疲劳。驾驶人在休息时,应抓紧时间擦干净风窗玻璃上的灰尘。同时,还应活动一下四肢,尤其要活动颈部,头部向左、右旋转各十数次,可预防颈椎病。

(二)养成良好的生活节律

(1)科学饮食,一天三餐吃饱,这是起码的要求。其次,三餐要科学调剂,多食含维生素的食物。驾驶人要加强营养,增强体质。饮食要有规律,多吃高蛋白、高糖以及新鲜蔬菜、水果等富含维生素的食物。饭后应休息20~30min再开车,以利于消化。科学饮食不仅有利于及时恢复体力,而且有利于客车驾驶人身心健康和安全行车。

图3-4-3 开车时保证头脑清醒

(2)定期进行体检。驾驶人每年应进行一次职业性体检,以便早期发现与职业有关的疾病,及时治疗处理。倘若发现禁忌开车的情况,如明显的听觉器官、心血管、神经系统器质性疾患和色盲等疾病者,均不宜从事机动车驾驶工作。

(3)保证睡眠充足。人在正常情况下,每天必须保证有8h的睡眠时间,让大脑得到充分的休息,第二天开车才能保证头脑清醒(图3-4-3)、精力集中,迅速而果断地处理交通情况。如果睡眠不足,会引起注意力不集中、判断不准、反应迟钝及操作失误,严重时会丧失自我控制能力。

(4)忌酒少烟。酒会使人的知觉机能下降、意识混乱、情感敏感度降低、思维判断力减弱及注意力涣散等,所以一定要严禁酒后驾驶。很多客车驾驶人感觉疲劳或困倦时,常用抽烟的办法来提神,这其实是不科学的。因为抽烟对人的判断、分析能力具有负面影响,而且这种提神的作用是暂时的,不久就会出现反应慢、动作迟缓、视力减退及应变能力差等现象。更为严重的是,边驾车边抽烟妨碍了正常驾驶操作,容易引起突发事故。

(5)保持心情舒畅。生活在现实社会里的人,难免会遇到一些不顺心的事,比如与同事发生了矛盾、亲人发生了意外、家庭不和睦等,都会影响到驾驶人的情绪。如果调控不好,就会产生心里急躁、思想混乱、精力分散及反应迟钝等不良现象。所以,当驾驶人遇到恶劣性刺激或精神创伤难以调控时,一定要停止驾车。在驾车时要注意调节自己的情绪,不断净化心理环境,始终保持愉快的心境,为行车安全提供保证。

五、乘客常见突发疾病的类型

案例情景

2015 年 10 月 1 日 10 时,在南京长江四桥高速公路栖霞段,一辆车号为沪 D208××(昆山至徐州)的大客车驾驶人向民警求助,车上一名病人突然抽搐、口吐白沫,可能是癫痫病发,急需入院治疗,而当时该路段因国庆第一天遭遇大客流,堵塞严重,车辆正在排队通行。民警上车查看情况后,立即驾驶警车一路开道带着大客车使用高速公路应急车辆迅速向前行驶,同时联系 120 救护车赶到事故地点前方 10km 处的四桥主线收费站等候。数分钟后,开道警车带着沪 D208×× 大客车与 120 救护车进行无缝对接,发病患者赵×× 得到及时的医治。

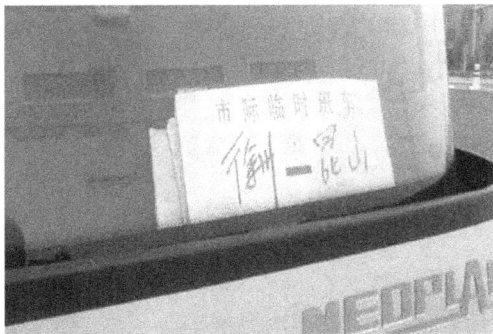

案例分析

此事件是由于乘客赵××羊癫疯病发,及时报警后,乘客赵××得到及时的医治,保住了生命。

常见的乘客突发疾病有:普通晕厥、休克、头晕呕吐、脑贫血、糖尿病病人昏迷、消化道出血、自发性气胸发作、心搏痛发作、心搏骤停、心肌梗死、冠心病发作、高血压危象、癫痫发作、突发性脑溢血、中风、哮喘等。

六、乘客常见突发疾病的应急措施

(一)乘客突发疾病操作规程

(1)乘客在客车车内突发疾病时,应本着救死扶伤,全力相助的原则给予帮助,不能置之不理、不闻不问,要保持冷静,沉稳应对。

（2）立即选择安全地点停车,并开启车辆应急灯。立即拨打120急救电话,说明详细地址和患者基本症状,然后拨打110报警电话,完成上述工作后立即向队长和分公司报告。

（3）车内没有其他乘客时,大声向周围群众呼救,请求他人帮助,不得单独留下患病乘客无人照管或置之不理。

（4）在等待救护车到达的过程中,打开车门、车厢玻璃,保持车内通风。

（5）请车内其他乘客或周围群众留下联系电话或联系方式。

（6）晕厥、呼吸困难、癫痫的乘客,应帮扶乘客平躺或斜靠,将领口解开,放松腰带,腰部垫上软的衣服,立即将患者头部置于后仰位,托起下颌,使呼吸道畅通。

（7）救护车到达后,向医护人员说明患者情况,协助急救人员做好相关工作。

（二）常见突发疾病的应急救援

1. 普通晕厥

晕厥也称昏厥,俗称晕倒,是一种突然发生的短暂的意识丧失状态。发现有人晕厥时,可以采用以下办法帮助病人:

图3-4-4　普通晕厥的救助

（1）迅速采取头低平卧体位,解开病人的衣领和皮带,保持室内空气流通、呼吸道畅通（图3-4-4）。

（2）按压或针刺病人的人中穴。

（3）如果病人有高血压病史,及时给予降血压治疗,同时吸氧。

（4）如果病人有心脏病史,应该做好人工呼吸的准备。

（5）昏厥解除后立即送到医院治疗。

2. 休克

休克现象十分危险,如果不采取迅速有效的急救和治疗,会引起重要器官停止工作,导致休克病人死亡。对休克病人应该采取以下急救措施:

（1）注意给体温过低的病人保暖,盖上棉被等;对于伴有高烧的病人应该降温。

（2）对于伴有昏迷的病人,应该保持呼吸道畅通,把病人颈部垫高,下颌抬起,使其头部最大限度后仰,同时头应该偏向一侧。

（3）如果是骨折引起的休克,应该给予止痛及骨折固定。给情绪不稳定的病人服用适量的镇静剂。心源性休克者给其吸氧。

（4）如果是内出血引起的休克,应该让患者平躺,抬高病人双腿使其高于头部。如果病人呼吸困难,可以把躯干和头部抬高。

（5）应该尽快拨打120,马上送医院抢救。

3. 头晕呕吐

（1）不要惊慌,一般喝一杯热水,慢慢就会恢复正常。

（2）如果情况较为严重,也要放松休息,取平卧位,最好用身边可以取到的书或衣服等把腿垫高。

（3）稍好一些时,应该打开窗户通风。

4. 脑贫血

脑贫血是脑内一时血液供应不足引起的晕厥现象。患者感到不舒服,出现心慌、出冷汗等症状时,要马上坐下或卧倒,低头弯腰。有人突然昏倒时,应立即让其平卧,同时稍稍抬高四肢。

5. 糖尿病病人昏迷

糖尿病患者由于治疗用药不够,或者还患有其他疾病,使血糖急剧升高引起的昏迷,叫高血糖昏迷。另一种是由于胰岛素注射过量,加上没有吃饭,使血糖过低引起昏迷,叫低血糖昏迷。急救措施如下:

（1）立即解开病人衣服,让病人呈昏睡体位,保证呼吸道畅通(图3-4-5)。

（2）急救低血糖昏迷的有效办法是让病人喝糖水,对于高血糖昏迷则让病人喝加有食盐的茶。

6. 消化道出血

消化道出血是由于消化道本身有病引起的,是常见的病症之一。急救措施如下:

（1）如果大量出血又未能及时送到医院,应立即让病人静卧,消除其紧张情绪,注意给病人保暖,让其保持侧卧,取头低足高位。

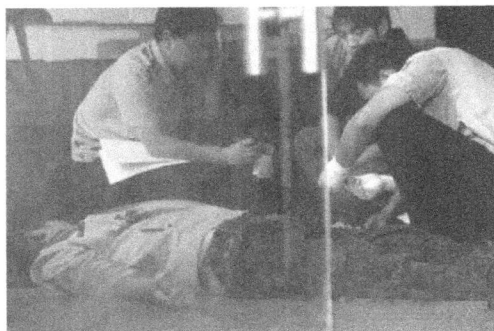

图3-4-5 糖尿病病人昏迷

（2）病人的呕吐物或粪便要暂时保留,粗略估计其总量,并留取部分标本,等就医时化验。

（3）吐血后最好让病人漱口,并用冷水袋冷敷心窝处。此时不能饮水,可以含冰块。

（4）少搬动病人,更不能让病人走动,同时严密观察病人的意识、呼吸与脉搏,并尽快拨打急救电话。

7. 自发性气胸发作

自发性气胸发病急骤,病情严重,多见于青少年,表现为无明显外伤原因的突然呼吸困难,胸部刺痛,口唇发紫。急救措施如下:

（1）立即让病人取半坐半卧位,不要过多移动,有条件的吸氧。

（2）周围人员保持镇静。

（3）立即进行胸腔排气。

（4）及时送到医院治疗。

8. 心绞痛发作

（1）立即让病人停止一切活动,坐下或卧床休息。含服硝酸甘油片,1~2min 就能止痛,且持续作用半小时;或含服异山梨酯1~2 片,5min 奏效,持续作用2h;也可以把亚硝酸异戊酯放在手帕内压碎嗅之,15s 即可奏效,但高血压性心脏病患者忌用。

（2）如果当时无解救药,也可以指掐内关穴或压迫手臂酸痛部位,可以起到急救作用。

(3)休息片刻,疼痛缓解后送医院检查。

9.心搏骤停

发生心搏骤停,必须争分夺秒地进行抢救,要当机立断采取以下急救措施进行心肺复苏(图3-4-6)。

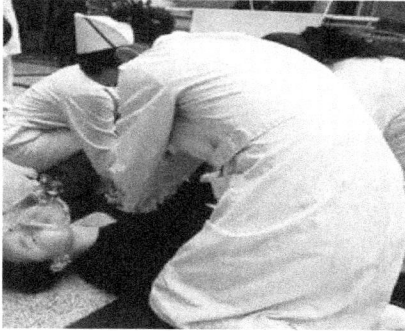

图3-4-6　心搏骤停抢救

(1)叩击心前区,如果无反应,立即做胸外心脏按压。

(2)针刺人中穴或手心的劳宫穴、足心涌泉穴。

(3)迅速掏出咽部呕吐物。

(4)头敷冰袋降温。

(5)急送医院救治。

10.心肌梗死

(1)应让病人卧床休息,尽量少搬动病人,室内保持安静,不要啼哭喊叫,尽快拨打急救电话。

(2)如果发现病人脉搏细弱,四肢冰冷,可能要发生休克,应该轻轻地把病人头部放低,足部抬高。如果病人发生心力衰竭,或者病人过于肥胖,要扶病人呈半卧位。

(3)让病人含服硝酸甘油、异山梨酯或苏合香丸等药物。烦躁不安者可以服安定等镇静药。但不宜多喝水,不要吃东西。解开领口裤带,有条件的吸氧,注意保暖。

(4)如果病人脉搏突然消失,应立即作胸外心脏按压,且不能中途停顿,须持续到送到医院抢救时。

11.冠心病发作

冠心病是常见病和多发病,发病率较高,发病急剧,如果抢救不及时或处理不当就会危及生命。

(1)应立即平卧,舌下含硝酸甘油片(图3-4-7)。如果1片不解决问题,可以再含服1片。如果得到缓解,还需要平卧1h才可以下床。

(2)如果患者在心绞痛时有心跳过速出现,可在含服硝酸甘油的基础上,加服1~2片乳酸心可定片。

(3)如果患者病情险恶,胸痛不解,而且面色苍白,大汗淋漓,可能不是一般的心绞痛发作,发生心肌梗死的可能性极大。这时就要把亚硝酸异戊酯用手帕包好,将其对折,移近鼻部2.5cm左右,吸入气体。如果患者情绪紧张,可以口服1片安定。迅速拨打急救电话,不可随意搬动病人。

图3-4-7　硝酸甘油片

12.高血压危象

(1)避免在病人面前惊慌失措,让病人安静休息,头部抬高,取半卧位,尽量避光。

（2）病人如果神志清醒,可以立即服用双氢克脲噻2片和安定2片,或复方降压片2片,少饮水,并尽快送病人到医院救治。

（3）去医院路上,行车尽量平稳。

（4）头痛严重可以针刺百会穴,使之出血。

（5）如果发生抽搐,可用手掐合谷和人中穴。

（6）注意保持昏迷者呼吸道畅通,让其侧卧,把下颌拉前,以利于呼吸。

13. 癫痫发作

癫痫俗称羊角风,是一种不定期反复发作的大脑功能失常。

（1）迅速让病人仰卧,不要垫枕头。把缠有纱布的压舌板垫在上下牙齿间,随即松开衣领,把病人的头偏向一侧,使口腔分泌物自行流出,同时还要把病人下颌托起。

（2）不要强行给病人喂水或强行按压肢体,应刺激或点压人中、合谷、足三里、涌泉等穴位。

（3）如果癫痫连续发作,要把病人送到医院及时抢救。

14. 突发性脑溢血

（1）出现脑溢血时,家属莫乱动,病人周围环境应保持安静避光,减少声音的刺激。病人取平卧位,头偏向一侧。脑后不放枕头。

（2）将病人领口解开,用纱布包住病人舌头拉出,及时清除口腔内的黏液、分泌物和呕吐物,以保持气道通畅。用冰袋或冷水毛巾敷在病人前额,以利止血和降低颅内压;搬运病人动作要轻。

（3）途中仍需不断清除病人口腔内的分泌物、痰液和其他异物,注意保持气道通畅。

15. 中风

（1）先让患者卧床休息,保持安静,尽快与急救中心联系。

（2）中风可分为出血性中风和缺血性中风,在诊断不明时,切不要随便用药,因为不同类型的中风用药各异。

（3）掌握正确的搬运方法:不要急于把病人从地上扶坐起,应二三人同时把病人平托到床上,头部略高,但不要抬得太高,否则会使呼吸道狭窄而引起呼吸困难;转送病人时要用手轻轻托住患者头部,避免头部颠簸。

16. 哮喘

（1）病人发作时,应端坐或靠在沙发上,头向后仰,充分通畅呼吸道。

（2）及时清除口鼻腔内的分泌物、黏液及其他异物;同时鼓励病人多喝温开水,急救者可用手掌不断拍击其背部,促使痰液松动易于咳出。

（3）适当服用祛痰和抗过敏药物,如溴己新、川贝枇杷露、阿司咪唑等。一般不宜服用带有麻醉性的镇咳药。经上述处理,病情仍无好转,则应迅速送病人去医院急救。

第五节　大型客车反恐与防盗

案例情景

2011年8月30日13时许,南京警方接宁波警方的协查通报,一辆皖B开头的自安徽淮

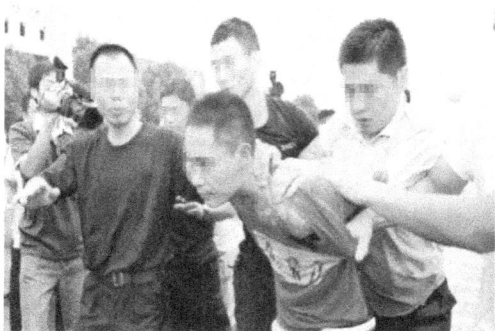

南开往浙江萧山的红色卧铺大客车照的过境客车上有四名 27 日宁波发生的一起故意伤害致死案件的嫌疑人。警方在上车盘查逃犯时,该逃犯劫持一名小女孩顽抗。南京警方在劝说无效的情况下,及时采取措施,将嫌疑人制服,人质获救,成功处置这起劫持案件。

案例分析

此事件由于警方接到协查通报后上车盘查逃犯,并在劝说无效的情况下,及时采取措施,将嫌疑人制服,人质获救,成功处置劫持案件,避免了一起恶性事件的发生。

近年来,针对客车的恐怖袭击事件时有发生,客车物品失窃现象也屡见不鲜,为此客车驾驶人应掌握一定的反恐和防盗知识,有利于保护乘客和物品的安全。

一、客车预防恐怖劫持的原则和措施

安全、顺利、及时将乘客送达目的地是客车驾驶人的职责、义务。因此,驾驶人应想办法预防恐怖劫持事件的发生,驾驶人应提高警惕,做好防范。

预防恐怖劫持的原则和措施主要包括以下几个方面:

(一)提高反恐意识

1. 如何识别恐怖嫌疑人

实施恐怖袭击的嫌疑人脸上不会贴有标记,但是会有一些不同寻常的举止行为可以引起高度警惕,例如:

(1)神情恐慌、言行异常者。

(2)着装、携带物品与其身份明显不符,或与季节不协调者。

(3)冒称熟人、假献殷勤者。

(4)在检查过程中,催促检查或态度蛮横、不愿接受检查者。

(5)反复在客运站、服务区警戒区附近出现者。

(6)疑似公安部门通报的嫌疑人员。

2. 如何识别可疑车辆

(1)状态异常。车辆结合部位及边角外部的车漆颜色与车辆颜色是否一致、确定车辆是否改色;车的门锁、行李箱锁、车窗玻璃是否有撬压破损痕迹;如车灯是否破损或异物填塞,车体表面是否附有异常导线或细绳。

(2)车辆停留异常。违反规定停留在水、电、气等重要设施附近或人员密集场所。

(3)车内人员异常。如在检查进程中,神色惊慌、催促检查或态度蛮横、不愿接受检查的;发现警察后起动车辆躲避的。

3. 如何识别可疑爆炸物

(1)看。由表及里、由近及远、由上到下无遗漏地观察,识别、判断可疑物品或可疑部位有无暗藏的爆炸装置(图3-5-1)。

(2)听。在寂静的环境中用耳倾听是否有异常声响。

(3)嗅。如黑火药含有硫黄,会放出臭鸡蛋(硫化氢)味,自制硝铵炸药的硝酸铵会分解出明显的氨水味等。

4.爆炸物可能放置在客车什么地方

可能会放在车辆底盘、车厢内、行李、包裹、食品、手提包及各种日用品之中等。

5.发现可疑爆炸物怎么办

(1)不要触动。

(2)及时报警。

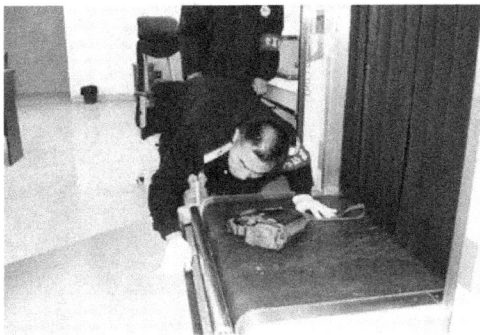

图3-5-1　识别可疑爆炸物

(3)迅速组织乘客撤离。疏散时,有序撤离,不要互相拥挤,以免发生踩踏造成伤亡。

(4)协助警方的调查。目击者应尽量识别可疑物发现的时间、大小、位置、外观,有无人动过等情况,如有可能,用手中的照相机进行照相或录像,为警方提供有价值的线索。

6.遇有匿名威胁爆炸或扬言爆炸的应急措施

(1)信。要"宁可信其有,不可信其无",不能心存侥幸心理。

(2)快。尽快从"现场"撤离。

(3)细。细致观察周围的可疑人、事、物。

(4)报。迅速报警、让警方了解情况。

(5)记。用照相机或者摄像机等将"现场"记录下来。

(二)落实安保制度

驾驶人认真贯彻"安全第一、预防为主"的方针,强化道路旅客运输安全生产管理,提高驾驶人的安全意识,规范驾驶行为,积极做好恐怖袭击防范,切实体现"以人为本、预防为主"的安全理念,在营运中应严格落实道路运输企业制定的安全保卫制度,保障车辆监控系统有效,在运输过程中及时向企业汇报车辆安全运营情况。

(三)积极参与恐怖袭击突发事件应急演练

为了在发生恐怖袭击突发事件的紧急情况下迅速反应,提高客车驾驶人自身处置反恐防爆应急响应能力和其他突发事件,疏散旅客、紧急避险的能力。做好防范措施和处理工作,降低事故造成人员伤亡和财产损失以及对环境的危害,积极参与反恐演练,做好反恐准备。

(四)沿途停车多注意

在停车时,应选择安全地点停车,尽量把车辆停在视线可及的范围内,停车后一定要锁好车门和车窗并保管好车钥匙。

(五)时刻检查车辆

在每一个停靠点都要对上车的乘客及行李进行检查(图3-5-2),终点站时对遗留在车上

图 3-5-2 乘客检查

的可疑物品及时排查并妥善处理。

二、客车应对恐怖劫持的原则和措施

(一)客车应对恐怖劫持的原则

时常有恐怖分子利用客车和乘客进行恐怖活动,包括劫持乘客作为人质提出非法要求、劫持车辆进行犯罪活动等。针对此类恐怖劫持行为,客车驾驶人应有一定的应对原则和措施。

(1)恐怖劫持应对措施合理与否,关乎事态发展。首先,利用卫星定位系统车载终端或通过电话等各种方式报警;其次,采取措施拖延时间,以保障乘客安全为第一准则,等待警方救援;最后,见机行事,将歹徒制服。

(2)如果未能成功制服歹徒,歹徒实施犯罪后逃离现场,应记下其穿着打扮、外貌特征、逃跑线路和方式,保护好歹徒留下的指纹和印记物品,有条件的情况拍下歹徒照片和车牌等,便于警方抓捕犯罪分子。

案例情景

2014 年 3 月 1 日 21 时 20 分左右在我国云南省昆明市昆明火车站发生一起由新疆分裂势力组织策划的无差别砍杀事件。

3 月 1 日晚,云南省昆明火车站突然发生砍人事件,持械歹徒团伙冲进昆明火车站广场、售票厅,这些人脸上都蒙着一层黑布,一路持刀见人狂砍,暴徒砍杀路人事件已致 28 人遇难,另有 113 人受伤。事件发生后警察已经击毙五名暴徒。

9 月 12 日,昆明中级人民法院在第一法庭依法公开审理此案。一审宣判,3 人被判死刑,1 人被判无期徒刑。

案例分析

此案例是由于新疆恐怖分子有组织策划的无差别砍杀,导致众多人员死亡的恶性事件。

(二)客车应对恐怖劫持的措施

1. 车辆恐怖袭击发生爆炸的应急措施

(1)迅速按下客车车载报警按钮。

(2)依靠车内的消防器材进行灭火。

(3)车辆在运行期间,不要有拉门、砸窗、跳车等危险行为。

(4)及时停车、疏散乘客,听从指挥,沉着冷静、紧张有序地通过车门、应急出口、车窗等疏散门撤离。

（5）不要因贪恋财物浪费逃生时间。

（6）实施必要的自救和救助他人。

（7）拨打报警电话，客观详细地描述事件发生、发展经过。

2. 客车上遇到纵火恐怖袭击的应急措施

（1）沉着冷静。当发动机着火后，应迅速开启车门，从车门下车，用随车灭火器扑灭火。

（2）如果着火部位在中间，从两头车门有秩序地下车。在扑火时，重点保护驾驶室和油箱部位。

（3）如果火焰小但封住了车门，用衣服蒙住头部，从车门冲下。

（4）如果车门线路烧坏，开启不了，应砸开就近车窗翻身下车。

（5）如果衣服着火，来得及脱下，迅速脱下衣服，用脚将火踩灭；或者请他人协助用厚重的衣物压灭火苗，如果他人衣服着火时，脱下自己的衣服或其他布物，将他人身上的火捂灭。

3. 被恐怖分子劫持后的应急措施

（1）保持冷静，不要反抗，相信政府。

（2）不对视，不对话，趴在地上，动作要缓慢。

（3）尽可能保留和隐藏自己的通信工具，及时把手机改为静音，适时用短信等方式向警方（110）求救，短信主要内容：自己所在位置，人质人数，恐怖分子人数等（图3-5-3）。

（4）注意观察恐怖分子人数、头领，便于事后提供证言。

（5）在警方发起突击的瞬间，尽可能趴在地上，在警方掩护下脱离现场。

4. 在客车上遇到枪击的应急措施

（1）快速掩蔽。在客车上遇到枪击时，迅速低头隐蔽于前排座椅后或蹲下、趴下，不要站立（图3-5-4）。

图3-5-3 被恐怖分子劫持

图3-5-4 在客车上遇到枪击

（2）及时报警。拨打110报警：车辆行驶至什么位置，受到哪个方向的枪击，来自车外还是来自车内，是否有人受伤等。

（3）择机下车。在情况不明时，不要下车；确定枪击方向后，下车沿着枪击相反方向，利用车体做掩护快速撤离。

（4）自救互救。到达安全区后，及时检查是否受伤，发现受伤，及时实施自救互救。

（5）事后协助。积极向警方提供现场信息，协助警方控制局面。

5. 在报警时的注意事项

（1）保持镇静，不能因为恐慌影响了正常的判断。

（2）判明自己目前是否面临危险,如有危险,做好个人防护,迅速离开危险区域或就地掩蔽。

（3）首先报告最重要的内容,包括地点、时间、发生什么事件、后果等。如发生恐怖袭击时车辆行至的位置、嫌疑人物、体貌特征、衣着打扮、伤亡人数,附近有无危险物等。

三、客车防盗

客车在运营的过程中经常会发生乘客的货物、行李等被盗事件,特别是长途运输,途中需要停车加油或休息,所以货物、行李被盗的风险比短途运输更大。为了防止货物、行李被盗,客车驾驶人要做好防盗工作。

（1）时常提醒乘客,要有高度防盗意识,在日常生活中养成防盗习惯(图3-5-5)。

图3-5-5　提醒乘客防盗

（2）安装防盗装置,运用技术手段进行防范。

（3）停车时,尽量避免将车停放在灯光昏暗或人迹稀少的地方。客车停放时应选择地势开阔、路线单一、行人繁多的场地,夜间停车要停在明亮场所,这样使窃贼难以伺机下手,盗贼撬车时,容易被人发现。

（4）行驶时,通过室内镜或监控系统应密切关注车内的乘客有无异常行为和通过后视镜密切注意车辆周围行驶的状况。

（5）选择安全地点停车。中途需要停车时,要选择正规的停车场或服务区停车休息,做好防盗措施。

（6）服务区休息时,提醒乘客看管好自身的贵重物品,贵重物品随身携带。

（7）客车驾驶人养成随手关窗锁门的习惯。客车驾驶人要养成离车后随手关窗和锁门的习惯,这是确保安全的首要条件,切不可麻痹大意,或者存有侥幸心理。

（8）客车外装的附件,如燃油箱、灯具、蓄电池、备用轮胎等应在连接紧固螺钉上加以改进。比如改用不标准螺母,如五角形螺母,必须用特制扳手才能拧开。

（9）对客车防盗装置加强保养,对打开防盗机关或解除报警信号的方法、密码应严格保密不能外传,以免被盗。

（10）在客车上安装警报器和监控系统,最好在车窗上贴一条警告条,如"本车装有防盗警报器和监控,请勿动手"等,让盗贼知道车装有警报器。任何盗贼对装有警报器的车都不敢轻易"过招",它具有极好的威慑力。

第六节　道路交通事故危险路段安全提示

一、道路交通事故危险路段安全提示的意义

（一）道路交通事故危险路段安全提示的意义

1. 道路交通事故危险路段安全提示有利于争取交通安全的主动

以往驾驶人对交通安全事故疏于预警防范,从事故发生到事故预防有一个时间差。危

险路段安全提示使交通安全的重心前移,只有危险路段进行安全提示、预防为主才能取得交通安全工作的主动。

2. 道路交通事故危险路段安全提示有利于节约公共资源

交通事故对我国现代化事业的破坏很大,危险路段安全提示是未雨绸缪,在一定程度上可以从源头阻止事故的发生和蔓延,尽可能地减少生命财产损失,便于腾出更多的人力、物力、财力用于现代化建设;也有利于党和政府顺利地化解由于改革攻坚所产生的各种深层次矛盾,维护改革、发展、稳定的大局。

3. 道路交通事故危险路段安全提示可以挽救一大批生命

因为这种危险路段安全提示具有超前性,用前车之鉴给人民群众敲响警钟,使人时刻警惕,这在客观上保护了广人民群众生命财产安全。

(二)典型路段交通事故的危害

公安部交通管理局组织对 2016 年全国道路交通事故多发、造成人员死亡集中的路段进行了排查,并梳理出全国十大事故多发路段(图 3-6-1)。

据统计,这十大事故多发路段总里程 137km,2016 年共发生交通事故 356 起,造成 194 人死亡,平均每 10km 发生交通事故 26 起、死亡 14 人。这十大事故多发路段,有两条在云南,分别是:云南省 S207 省道文山州境内 222～232km 路段和云南省 G56 杭瑞高速楚雄自治州境内 2297～2317km 路段,总里程 40km,2016 年共发生交通事故 33 起,造成 44 人死亡,平均每 10km 发生交通事故 8 起、死亡 4 人。

图 3-6-1　事故多发路段

公安部提示:途径典型交通事故多发路段,要谨慎驾驶。据分析,造成上述事故多发的原因,有的是由于道路缺乏防护、隔离和路侧照明设施,安全隐患突出;有的是由于桥隧相接或多弯长下坡组合线形造成车辆易失控;有的是由于道路沿线村镇路口多,驾驶人和行人交通违法多发,易造成人车事故;还有的是由于地处山区,受季节影响特别是秋冬季节多雾,路面易结冰等问题多,行车安全风险加大。

二、典型道路交通事故危险路段安全提示

(一)全国 10 大典型事故多发路段

(1)湖南 S308 省道益阳市境内 248～258km 路段,全年共发生交通事故 38 起、死亡 36 人。

安全提示:湖南 S308 省道益阳市境内 248～258km 处由于雨季常常出现大型山体滑坡,泥石流冲刷路面,形成淤泥蔓延于公路,是典型的事故多发路段,交通警察提示驾驶人通过此路段时务必谨慎驾驶,安全行车,切实遵守交通法规,确保交通安全。

(2)云南省 S207 省道文山州境内 222～232km 路段,为山区公路,全年共发生交通事故

23 起、死亡 27 人。

安全提示:每年 10 月至次年 2 月,上述路段常出现能见度在 50m 左右的大雾天气。如发生能见度 100m 左右的大雾,交警部门采取的措施是对货运机动车分流出高速公路,客车和小车可以继续通行;如发生能见度 50m 以下的大雾,将采取全部车辆分流的措施。大雾天气下行车,能见度大幅下降,驾驶人的视线和对车辆操控都会受到影响,进入雾区后立即开启雾灯、近光灯、示廓灯和前后位灯和危险报警闪光灯,车速不得超过 60km/h,与同车道前车保持 100m 以上的距离。桥面易结冰,车辆通过容易发生甩尾、侧滑,引发各类交通事故。

(3)辽宁省 S101 省道营口市境内 158～174km 路段,全年共发生交通事故 31 起、死亡 19 人。

安全提示:通过该路段不要超速行驶;不要强超、强抢行驶;不要超车、并道不开启转向灯;不要疲劳驾驶;不要占用应急车道行驶、停车,故障车辆要及时报警,不能长期占用行车道和应急车道;行车过程中不要向车外抛弃废弃物,以免影响其他车辆行驶;不要在高速公路收费广场违法停车,以免影响进出收费站的行车秩序。

(4)安徽省 S102 省道阜阳市境内 170～180km 路段,全年共发生交通事故 70 起、死亡 17 人。

安全提示:安徽省 S102 省道阜阳市境内 170～180km 路段两边全是柳树飘絮,严重影响交通安全。路两边经常伐木,倒下的树全都在路面,影响过往车辆通行,易造成人车事故。驾驶人通过次路段时应当仔细观察,谨慎驾驶,确保行车安全(图 3-6-2)。

(5)安徽省 S101 省道合肥市境内 0～10km 路段,全年共发生交通事故 20 起,死亡 17 人。

安全提示:由于长期以来,安徽省 S101 省道合肥市境内 0～10km 路段,过往车辆严重超载,加上车流量大,导致沥青砼路面松散脱落、坑槽密布,存在严重的交通安全隐患。车辆经过上述路段时,更应谨慎驾驶,保持车距。

(6)云南省 G56 杭瑞高速楚雄自治州境内 2297～2317km 路段,全年共发生交通事故 10 起、死亡 17 人(图 3-6-3)。

图 3-6-2　S101 路段

图 3-6-3　G56 杭瑞事故多发路段

安全提示:该路段冬季多雨、雾、雪不利天气,为易结冰路段;视线不良,交通事故多发。通过这一路段时要控制车速,谨慎驾驶。遇雨、雪、雾天气时,保持车距,适当车速平稳通过,避免紧急制动发生甩尾、侧滑等车辆失控情况。

（7）四川省 S205 省道遂宁市境内 384～394km 路段，全年共发生交通事故 53 起、死亡 16 人。

安全提示：省道遂宁市境内 384～394km 路段，连续 U 形急弯、陡坡路段，山体一侧滑坡，临崖、无护栏，极易发生交通事故，驾驶人通过此路段时务必减速行驶、注意安全。

（8）山东省 S321 省道淄博市境内 41～50km 路段，全年共发生交通事故 33 起、死亡 16 人。

安全提示：山东省 S321 省道淄博市境内 41～50km 路段，是山东省内东西方向的一条交通要道，也是山东省北部地区唯一一条没有收费站点的交通要道。这几年道路状况极差，一年不如一年，从章丘到邹平路段，交通流量非常大，车辆极其难走，驾驶人强超强会情况非常突出，极易发生交通事故，驾驶人通过次路段时务必谨慎驾驶，确保行车安全。

（9）山东省 G1511 日兰高速公路菏泽境内 301～320km 路段，全年共发生交通事故 8 起、死亡 16 人。

安全提示：进入冬季山东省 G1511 日兰高速公路菏泽境内 301～320km 路段，由于受气候条件大雾的影响，发生连环撞车的事故十分频繁，驾驶人通过此路段遇大雾时务必注意观察道路交通标志，减速慢行，严格遵守灯光使用规定：打开前后防雾灯、尾灯、示宽灯和近光灯，利用灯光来提高能见度，看清前方车辆及行人与路况，也让别人容易看到自己，注意安全。

图 3-6-4 陕西省 G70 路段

（10）陕西省 G70 福银高速商洛市境内 1480～1500km 路段（图 3-6-4），全年共发生交通事故 70 起、死亡 13 人。

安全提示：陕西省 G70 福银高速商洛市境内 1480～1500km 路段，沿线路口多，有坡道、弯道，标志标线不全，超速、占道、未按规定让行的车辆繁多，易诱发道路交通事故。尤其是进入冬季，受冰雪雾霾天气影响，能见度较低，发生连环撞车的事故十分频繁，驾驶人通过此路段应当减速慢行，适时打开前后防雾灯、尾灯、示宽灯和近光灯，谨慎驾驶，注意安全。

（二）部分省市道路交通事故危险路段安全提示

1.北京道路交通事故危险路段安全提示

北京的道路交通事故危险路段为顺平路、昌金路、密三路、北清路、顺沙路、南中轴路、延琉路、八峪路、平蓟路九条道路全路段，以及京承高速进京方向 14～34km 处。这些路段主要集中在城北区域，以郊区省县道为主。从道路基本情况来看，除了两条山区道路，其余都是平原道路。

安全提示：这些路段交通事故频发，主要原因包括五个方面：一是交通参与者交通安全意识淡薄，没有在确保安全的情况下通过路口路段；二是没有按照规定让行，特别是转弯的机动车未按规定让直行的机动车、非机动车、行人先行；三是路口违反信号灯指示行驶。这些道路相对偏远,车少人稀,驾驶人心存侥幸,违法闯红灯酿成惨剧;四是违法驶入对向车道,一些道路没有中间物理隔离设施,个别车辆超车时逆行进入对向车道,造成严重事故;五是未与前车保持安全距离,这种情况主要发生在高速公路。交管部门将加大对上述路段的巡控力度,严格处罚各类交通违法行为,也希望交通参与者能够增强安全意识,守法出行。

2. 上海道路交通事故危险路段安全提示

(1)S32 申嘉湖高速公路南(16.8 ~ 37.6 桩号区间)。

(2)G15 沈海高速公路东侧(1252 ~ 1273 桩号区间)。

(3)S32 申嘉湖高速公路北侧(20 ~ 41.8 桩号区间)。

(4)G50 沪渝高速公路南侧(28.1 ~ 50.6 桩号区间)。

(5)G1501 上海绕城高速公路内侧(86.9 ~ 110.5 桩号区间)。

(6)S20 外环高速公路外侧(4.4 ~ 24.5 桩号区间)。

(7)G15 沈海高速公路东侧(1284.9 ~ 1307.7 桩号区间)。

(8)G60 沪昆高速公路北(22.6 ~ 45.1 桩号区间)。

(9)南芦公路(南团公路至鸿音路)。

(10)川南奉公路(海霞路至盐朝公路)。

这 10 个地段属于道路交通事故多发路段。其事故主要原因有:未保持安全车距、超速、行人违法进入高速、违法变道、驾驶不符合安全标准车辆上道路行驶、超载、酒后驾驶、电动自行车超速等。

3. 河北省道路交通事故危险路段安全提示

河北省 10 大道路交通事故危险路段分别在保定、邯郸、石家庄、唐山、沧州、张家口、邢台、秦皇岛、承德 9 个地市。这些路段既有高速公路,也有国省道;既有平原平直路段,也有山区坡道弯道,路形路况多样;路段长度从 2 ~ 26km 不等,因种种原因造成交通事故多发。因发生道路交通事故起数多而上榜的有:位于邢台市的武馆路(省道)117 ~ 130km 长达 13km 路段,因路口多、车流大,造成事故多发,全年以发生 122 起事故而上榜;同样,因事故发生起数多而上榜的还有位于秦皇岛市的 251 省道 121.13 ~ 242.99km 长达 21km 的路段,因山区道路弯多、坡陡、线长和路口多等原因,全年发生 120 起交通事故而上榜。

4. 浙江省道路交通事故危险路段安全提示

(1)杭州市余杭区境内东西大道仓前街道苕溪村 28 ~ 30km 路段。

(2)宁波市北仑区境内 G329 国道杭沈线 223 ~ 224km 路段。

(3)绍兴市诸暨市境内 S103 省道杭金线 104 ~ 105km 路段。

(4)湖州市南浔区境内浔练公路 14 ~ 16km 路段。

(5)嘉兴市南湖区境内 S202 省道乍王线 19km 处的由桥村路口。

(6)金华市义乌市境内 S103 省道杭金线 136 ~ 141km 于宅夏楼村路段。

(7)衢州市柯城区境内 G320 国道沪瑞线 451km 航埠镇河东村路口。

(8)丽水市松阳县境内 S222 省道龙丽线 73km 路段。

(9)高速公路嘉兴境内 G15W 常台高速公路 100 ~ 124km 路段。

(10)高速公路嘉兴境内 S12 申嘉湖高速公路 34 ~ 35km 路段。

5. 江苏省道路交通事故危险路段安全提示

(1)S221 启东段。

（2）S225 如东到通州段。

（3）S336 泰州段。

（4）S342 苏州段。

（5）G104 镇江段。

（6）S334 泰州段。

（7）S250 徐州段。

（8）S324 徐州段。

（9）S239 南京段。

安全提示：驾驶人通过这些路段时，一定要注意观察交通标志标线。公路平交道口或集镇路段一般都会有相应的警示标志牌，提前告知驾驶人注意观察、减速慢行。同时，经过此类交通相对复杂路段时，尽量不要超车，因为在超车的过程当中，被超的车辆很可能遮挡驾驶人的视线，导致无法有效观察路面的动态情况。

6. 内蒙古道路交通事故危险路段安全提示

（1）乌兰察布市卓资县境内 X560 线 21～30km 路段。2012 年至今，该路段共发生死亡及伤人事故 25 起，造成 17 人死亡、42 人受伤。

（2）乌兰察布市化德县境内 S105 线（省际通道）与 S208 线交叉路口。2009 年至今，该路口共发生死亡及伤人事故 19 起，造成 8 人死亡、101 人受伤。

（3）呼伦贝尔市扎兰屯的阜丰东北生物科技有限公司味精厂产生的废气极易在厂区周边形成浓雾，导致包括省际通道 45～50km 路段、省际大通道至成吉思汗收费站路段、省际大通道至沙里沟在内的三个路段能见度低，极易发生交通事故。

7. 海南省道路交通事故危险路段安全提示

（1）G98 环岛高速公路流量较大的东线段和西线段的施工段。

（2）G98 环岛高速公路 K50～K53 段（长距离爬坡路段，重型货车速度跟不上，后方车辆易追尾，特别是夜间视线不好时）。

（3）G98 环岛高速公路 K581～K586 段（易发生因驾驶人操作不当引发追尾和翻车事故）。

（4）G98 环岛高速公路追尾和刮碰事故较多的海口绕城段；225 国道儋州段。

（5）224 国道琼中至五指山段。

（6）旅游景点周边道路：三亚的南山、天涯海角、亚龙湾、海棠湾，保亭的呀诺达、槟榔谷，琼海的博鳌，万宁兴隆等；三亚市区通往旅游景点的道路等。

8. 河南省道路交通事故危险路段安全提示

（1）京港澳高速公路（G4）：K600～K615（新乡段）；K616～K642（原阳段）；K700～K712（新郑段）；K713～K720（长葛段）；K745～K760（许昌至漯河交界段）；K795～K802（漯河段）；K833～K841（驻马店段）；K940～K955（明港至信阳段）。

（2）连霍高速公路（G30）：K411～K435（宁陵至民权段）；K525～K530（开封段）；K674～K680（孟津至洛阳东段）；K735～K741（义马段）；K779～K793（渑池至三门峡段）；K844～K846（灵宝段）；K854～K856（灵宝段）。

（3）兰南高速公路（S83）：K205～K206（平顶山段）。

(4)宁洛高速公路(G36):K482~K490(商水段);K705~K712(伊川段)。

(5)沪陕高速公路(G40):K1086~K1105(唐河段)。

(6)大广高速公路(G45):K1961~K1965(通许段)。

9. 重庆市道路交通事故危险路段安全提示

(1)巴南区龙洲大道典雅龙海港湾路段。

(2)巴南区鱼洞莲花市场路段。

(3)江北区海尔路虾子蝙路段。

安全提示:这些路段普遍存在车流量大、车型混杂、行人横穿公路频繁、夜间视距不良等安全风险。驾驶人行至城市道路事故易发路段应当做到:降低车速,按照路面交通标志、标线以及信号灯慢速行驶、与前车保持足够的安全车距,变更车道时提前开启转弯灯,夜间或雨天行车时谨慎行驶,注意避让行人,夜间行驶时,不要长期占用左边车道行驶,利用两眼的余光观察道路两边。

10. 江西省道路交通事故危险路段安全提示

(1)瑞昌青山旅游西路、东路路段为危险路段,部分山区路段急弯陡坡多,临水临崖,要注意观察路况,保持安全车速,遇急弯等危险路段必要时提前鸣笛示意,切勿急制动猛拐。

(2)303省道白杨镇吴家桥路段。

(3)303省道三源村下源路段。

(4)303省道冷水沟路段,303省道金岭村铁路桥路段,瑞码快速通道长流路段。

(5)304省道南义镇石山村至永积村路段。

(6)304省道南义镇东升村至星明村路段,为事故多发、危险路段,请谨慎驾驶,减速慢行。

11. 广西道路交通事故危险路段安全提示

(1)S50线岑罗高速15~19km处。

(2)武鸣收费站至安吉互通路段。

(3)广昆高速那莫大桥、金鸡滩大桥、托洲大桥。

(4)国道321线临桂宛田山区路段。

(5)兰海高速侧岭隧道至岜好隧道路段。

(6)兰海高速都安段。

(7)万合店隧道群、高岭隧道群。

(8)兰海高速天生桥隧道上行线、关西隧道下行线、瑶寨隧道下行线。

(9)汕昆高速1017km+800m处。

(10)S210线百靖高速公路德保东出口至云梯路段。

12. 新疆道路交通事故危险路段安全提示

(1)G216线火烧山至富蕴县,S201线昌吉市至呼图壁县路段。该路段车流量较大,路面窄,冬季路面除雪进度缓慢,强超强会违法行为较多,易造成道路交通事故。

(2)乌鲁木齐市天山大道、乌水线、乌板线路段,节日期间车流量将猛增,易造成交通事故和交通拥堵。

(3)S208线阿克苏至阿瓦提路段交通流量较大,大型货运车辆、班线车辆及摩托车等其他社会车辆集中通行,路面较窄,容易造成道路交通事故。

13. 贵州道路交通事故危险路段安全提示

(1)兰海高速:小寨坝至久长段、太白至楚米段、三合至乌江段。

(2)沪昆高速:三穗至玉屏段、黄丝至马场坪段、盘江至龙里段、永宁至岗乌段、晴隆至沙子段。

(3)贵安高速:普安至两河段。

(4)厦蓉高速:往洞至三都段。

(5)贵都高速:贵定南至都匀西段。

(6)杭瑞高速:永兴至虾子段、大方至双山段、金沙至雨冲段、马蹄至泮水段。

(7)毕威高速:赫章至威宁段。

(8)沿榕高速:羊场至镇远段、石阡至大地段。

(9)水盘高速:发耳至雨格段。

(10)贵阳绕城高速:白云段。

(11)贵瓮高速:建中、瓮安段。

(12)江安高速:青山隧道、凯峡河大桥、黄柏林隧道、白水河大桥。

(13)道瓮高速:道真、正安段。

14. 湖北省道路交通事故危险路段安全提示

(1)沪渝高速公路与大广高速公路互通路段。

(2)杭瑞高速公路与大广高速公路互通路段。

(3)京港澳高速公路与沪蓉(武荆)武汉外环高速公路互通路段。

(4)京港澳高速公路武汉南互通路段。

(5)福银(汉十)高速公路与随岳高速公路互通路段。

(6)沪蓉(武荆)高速公路与随岳高速公路互通路段。

(7)沪渝(汉宜)高速公路与随岳高速公路互通路段。

(8)沪蓉(武荆)高速公路与二广高速公路互通路段。

(9)沪渝(汉宜)高速公路与二广高速公路互通路段。

(10)沪渝高速公路虎牙互通路段。

安全提示:高速公路互通是不同高速公路之间相互连通的路段,驾驶人经常因为不熟悉路况而停车看路、违法停车、违法倒车,导致后方车辆避让不及,极易引发交通事故。上高速公路前应提前规划行车线路,详细了解沿线经过路段的大致地名和方向。高速公路互通路段一般在互通路口前2km、1km、500m、路口依次设置有指路标牌,此时应适当减速慢行,辨明方向后果断前行。即便走错方向也要按照错误方向继续前行,再在前方收费站掉头;切忌在互通路口紧急停车、倒车逆行。正常通过互通路段时也应谨慎行驶,与前车保持足够的安全距离,提防前方车辆突然停车、变道、倒车引发交通事故。

大客车驾驶人防御性安全驾驶技术教学方法提示:

道路运输危险源辨识、道路运输防御性驾驶和不安全驾驶习惯纠正、紧急情况及应急处置课程应当突出理论联系实际,注重体现道路运输危险源辨识、道路运输防御性驾驶和不安全驾驶习惯纠正、紧急情况及应急处置的直观性。为此本课程适用于交通事故案例教学,应当结合全国各省、市(自治区)典型事故案例组织视频教学和将真实案例教学安排到交通安全警示教育基地中进行。主要以"体验、参与、交流、互动、真实"为教学重点,从针对客车驾驶人的旅客运输特点,遏制交通事故发生的角度出发,多层次、全方位地进行视频教学和交通安全警示教育基地教学,切实做到点、线、面有机结合,实现科学的立体教育模式,从而规范客车驾驶人的驾驶行为,培养客车驾驶人现代交通安全意识。

参 考 文 献

[1] 云南交通技师学院.大型客车驾驶员职业教育试用教材[M].昆明:云南民族出版社,2016.

[2] 交通运输部职业资格中心.道路客货运输驾驶员继续教育教材[M].北京:北京交通大学出版社,2012.

[3] 交通运输部道路运输司.道路旅客运输企业安全管理规范(试行)释义[M].北京:人民交通出版社,2012.

[4] 徐清,占晋.交通安全最要紧[J].中等职业教育,2004,11:27.

[5] 张焕.防御性驾驶教育与培训问题初探[J].交通与运输,2011,4:56-57.

[6] 林有燕,慕容蓝宁.防御性驾驶[J].现代职业安全,2011,01:108-110.

[7] 陈文金.浅谈防御性驾驶对预防道路交通事故的作用及运用[J].职工法律天地,2016:100-102.

[8] 何春谊.防御性驾驶对驾驶人心理的影响[J].知识经济,2014,15:82.

[9] 王敏.夜间安全行车的防御性驾驶[J].知识经济,驾驶人心理,2006,7:34-35.

[10] 陈华.驾驶员的最高境界是掌握防御性驾驶技术[J].汽车与安全,2016,11:41-46.

人民交通出版社汽车类技工教材部分书目

一、全国交通技工院校汽车运输类专业规划教材（第五轮）

书 号	书 名	作 者	定 价	出版时间	课 件
978-7-114-10637-8	汽车文化	杨雪茹	35.00	2016.08	有
978-7-114-10648-4	钳工工艺	李永吉	17.00	2014.08	有
978-7-114-10459-6	汽车机械基础	刘根平	22.00	2016.07	有
978-7-114-10458-9	汽车发动机结构与拆装	程 晟	27.00	2015.06	有
978-7-114-10456-5	汽车底盘结构与拆装	王 健	39.00	2015.06	有
978-7-114-10686-6	汽车电器结构与拆装	许云珍	30.00	2016.05	有
978-7-114-10604-0	汽车使用与日常维护	李春生	25.00	2016.02	有
978-7-114-10527-2	汽车发动机检修	王忠良	39.00	2015.06	有
978-7-114-10573-9	汽车变速器与驱动桥检修	戴良鸿	28.00	2016.05	有
978-7-114-10454-1	汽车转向、悬架和制动系统检修	樊海林	24.00	2015.05	有
978-7-114-10627-9	汽车实用英语	杨意品	17.00	2013.07	有
978-7-114-10518-0	汽车服务企业管理	应建明	19.00	2016.07	有
978-7-114-10536-4	汽车结构与拆装	邢春霞	40.00	2015.07	有
978-7-114-10457-2	汽车钣金基础	姚秀驰	32.00	2013.05	有
978-7-114-10444-2	汽车车身碰撞估损	石 琳	23.00	2017.07	有
978-7-114-10612-5	汽车美容	彭本忠	20.00	2015.06	有
978-7-114-10758-0	汽车装饰与改装	梁 登	32.00	2013.08	有
978-7-114-10580-7	汽车营销	郑超文	25.00	2016.05	有
978-7-114-10477-0	汽车配件管理	卫云贵	25.00	2015.02	
978-7-114-10597-5	汽车营销法规	邵伟军	23.00	2013.06	有
978-7-114-10528-9	汽车保险与理赔	刘冬梅	22.00	2016.05	有
978-7-114-10999-7	汽车电器与空调系统检修	潘承炜	45.00	2015.05	有
978-7-114-11135-8	汽车车身涂装	曾志安	32.00	2014.03	有
978-7-114-10881-5	汽车营销礼仪	吴晓斌	30.00	2015.08	有

二、全国中等职业技术学校汽车类专业通用教材

书 号	书 名	作 者	定 价	出版时间	课 件
978-7-114-13417-3	汽车发动机构造与维修（第二版）	吕秋霞	43.00	2016.12	有
978-7-114-13818-8	汽车发动机构造与维修习题集及习题集解（第二版）	吕秋霞	15.00	2017.06	
978-7-114-13016-8	汽车底盘构造与维修（第二版）	徐华东	32.00	2016.07	有
978-7-114-13479-1	汽车底盘构造与维修习题集及习题集解	徐华东	21.00	2016.12	
978-7-114-13007-6	汽车电气设备构造与维修（第二版）	张茂国	42.00	2016.07	有
978-7-114-13521-7	汽车电气设备构造与维修习题集及习题集解	张茂国	23.00	2016.12	
978-7-114-13227-8	机械识图（第二版）	冯建平	25.00	2016.12	
978-7-114-13350-3	机械识图习题集及习题集解（第二版）	冯建平	25.00	2016.11	
978-7-114-12997-1	电工与电子技术基础（第二版）	窦敬仁	34.00	2016.07	有
978-7-114-12891-2	汽车专业英语（第二版）	王 蕾	15.00	2016.05	有
978-7-114-13014-4	汽车故障诊断与检测技术（第二版）	王 囤	36.00	2016.07	有
978-7-114-13169-1	汽车维修基础（第二版）	毛兴中	24.00	2016.08	有
978-7-114-13136-3	汽车运用基础（第二版）	冯宝山	29.00	2016.07	有

书　号	书　名	作　者	定价	出版时间	课件
978-7-114-13200-1	汽车电路识图（第二版）	田小农	21.00	2016.09	有
978-7-114-13162-2	钳工与焊接工艺（第二版）	宋庆阳	22.00	2016.07	有
978-7-114-13296-4	汽车维修企业管理（第二版）	杨建良	19.00	2016.09	有
978-7-114-11750-3	汽车安全驾驶技术（第二版）	范　立	39.00	2016.05	有
即将出版	汽车故障诊断与综合检测（第二版）	杨永先			有
978-7-114-13738-9	发动机与汽车理论（第二版）	徐华东	16.00	2017.06	有
即将出版	汽车维修案例分析（第二版）	王　征			有
即将出版	汽车维修标准与规范（第二版）	杨承明			有
即将出版	汽车服务工程（第二版）	王旭荣			有
即将出版	公差配合与技术测量（第二版）	刘　涛			有
即将出版	新能源汽车概论	樊海林			有
即将出版	汽车单片机及车载网络系统（第二版）	林为群			有
即将出版	专业技术论文与科研报告撰写（第二版）	裘玉平			有

三、国家示范性中职院校工学结合一体化课程改革教材

书　号	书　名	作　者	定价	出版时间	课件
978-7-114-11778-7	汽车电学基础	梁　勇、唐李珍	18.00	2016.05	有
978-7-114-11757-2	汽车检测与维修技术（初级学习领域一）	赵晚春、李爱萍	28.00	2016.05	有
978-7-114-11766-4	汽车检测与维修技术（初级学习领域二）	刘小强、黄　磊	21.00	2016.02	有
978-7-114-11779-4	汽车检测与维修技术（中级学习领域一）	梁　华、何弘亮	28.00	2015.01	有
978-7-114-11820-3	汽车检测与维修技术（中级学习领域二）	莫春华、雷　冰	32.00	2015.02	有
978-7-114-11933-0	汽车检测与维修技术（高级学习领域一）	潘利丹、李宣葙	23.00	2015.03	有
978-7-114-11944-6	汽车检测与维修技术（高级学习领域二）	张东山、韦　坚	34.00	2015.03	有
978-7-114-11880-7	汽车车身修复基础	冯培林、韦军新	42.00	2016.05	有
978-7-114-11844-9	汽车车身修复技术	冯培林、韦军新	39.00	2015.03	有
978-7-114-11885-2	汽车商务口语	郑超文、林柳波	23.00	2016.05	有
978-7-114-11973-6	二手车销售实务	陆向华	26.00	2015.04	有
978-7-114-12087-9	运输实务管理	谢毅松	22.00	2015.05	有
978-7-114-12098-5	仓储与配送	谢毅松、罗　莎	24.00	2015.05	有

四、全国交通中等职业技术学校通用教材（第四轮）

书　号	书　名	作　者	定价	出版时间	课件
978-7-114-05244-6	汽车发动机构造与维修	张弟宁	45.00	2014.07	
978-7-114-05184-5	汽车底盘构造与维修	崔振民	32.00	2015.06	
978-7-114-05188-3	汽车电气设备构造与维修	张茂国	36.00	2015.04	
978-7-114-05176-0	汽车故障诊断与检测技术	杨海泉	30.00	2016.02	
978-7-114-05207-1	汽车运用基础	冯宝山	18.00	2015.07	
978-7-114-05243-9	汽车维修基础	毛兴中	18.00	2015.01	
978-7-114-05208-8	计算机应用基础	王骁勇	28.00	2008.03	
978-7-114-05190-6	机械识图	冯建平	18.00	2016.07	
978-7-114-05162-3	机械识图习题集及习题集解	冯建平	28.00	2016.06	
978-7-114-05193-7	钳工与焊接工艺	宋庆阳	19.00	2015.12	

咨询电话：010-85285962010-85285977. 咨询QQ：616507284；99735898